幸福な監視国家・中国

梶谷 懐 Kajitani Kai
高口康太 Takaguchi Kouta

NHK出版新書
595

はじめに

　中国を訪問すると、その監視社会ぶりに驚かされます。地下鉄駅ではX線による荷物検査など空港並みのセキュリティチェックを実施。日本の新幹線に相当する高速鉄道では身分証の提示が必須です。さらに街中いたるところに監視カメラが林立しており、全国でその数は約2億台。２０２０年には6億台に迫るとも言われています。

　中国はいまや世界一のスマホアプリ大国と言われていますが、メッセージアプリや、配車アプリ、出前代行といった便利なサービスを使うには携帯電話認証が必要です。この電話番号は身分証、パスポートとひもづけられているので、企業はユーザーの正確な個人情報を把握できます。もしメッセージアプリに中国政府が問題視するような発言が書き込まれれば、中国政府は企業を通じてすぐに身元を特定できます。

中国のサイバーセキュリティ法第28条には「ネットワーク運営者は、公安機関、国家安全機関による、法に依拠した国家安全と犯罪捜査活動に技術的支援と協力を行わなければならない」との規定があります。中国でインターネットサービスを運営する企業（外資系企業も含めて）は、自国の国家安全に関する問題、すなわち独立運動や民主化運動に関する情報を、政府機関に提出する義務があるのです。

つまるところ、現実世界でもインターネット上でもすべてが政府に筒抜けなのですが、驚くべきは中国人のほとんどがそれに不満を抱いていないどころか現状を肯定的に見ているということです。それは中国人がプライバシーに無頓着だから、専制政治によって洗脳されているから……という単純な理由からではありません。

本書は、この「幸福な監視社会」の謎を解き明かすことを課題としています。この謎が解き明かされたとき、驚くべき中国の監視社会はどこか別世界の現象ではなく、日本が今後直面する問題だと明らかになるはずです。

本書の内容について、簡単に述べておきます。第1章は、数々の事実誤認と誤解、時に歪曲であふれている、中国の監視社会に関する議論を扱います。中国は私たちの社会とは別個の、「異形」の存在として描かれてきましたが、じつは同じ課題に取り組んでいる「同類」の側面も強いのです。そこには私たちの社会と、その未来を考える上で重要なヒントが隠れていることを指摘します。

第2章では、アリババやテンセントといった民間企業によるテクノロジーの開発およびその「社会実装」が、いかに中国社会をより便利に、より快適にしてきたかに注目します。とりわけ、そこでの個人情報や評判のやり取りが、企業にとって、そして個人にとってもいかなる意味を持っているかを掘り下げます。

第3章は、中国政府主導で進められている「社会信用システム」に注目し、現代の洗練されたテクノロジーを通じて人々の行動が望ましい方向に誘導されるという意味での「管理社会」「監視社会」を、「アーキテクチャ」や「ナッジ」といった概念に関する議論を踏まえながら具体的に考えます。

さて、2010年前後、「中国版ツイッター」とも言われる「微博《ウェイボー》」に代表されるSNSの普及により、新たなコミュニケーション手段を使った社会運動が中国社会を変えていくのでは、という期待が語られました。しかし、その動きは当局により完全に封じ込められています。そこで第4章では、中国政府による言論統制が、情報通信技術（ICT）の進歩によっていかに洗練化し、巧妙になっているかを現地での体験も踏まえて紹介します。

テクノロジーによる「管理社会」「監視社会」化の進展によって、いわゆる西側諸国においても近代的な「市民的公共性」の基盤が揺らいでいます。本書が対象とする現代中国の変化も基本的にその文脈で捉えるべきでしょう。第5章では、このことを歴史的な背景も踏まえつつ「テクノロジーを通じた統治と市民社会」という観点から改めて検討してみたいと思います。

「監視カメラ網」の充実や、「信用スコア」などのレイティングシステムの浸透によって、中国の大都市は「行儀がよくて予測可能な社会」になりつつあります。第6章では、そういった社会秩序＝公共性の実現に注目し、それが中国のような権威主義国家で進みつつあることの意味を考えます。

さて、こうした中で現代中国の「監視社会化」を、どう考えてもジョージ・オーウェルが『一九八四年』で描いたのに近いイメージで語ることを避けられない事態も現実には生じています。第7章では、そうしたオーウェル的監視の最前線、深刻な民族問題を抱える新疆《しんきょう》ウイグル自治区で起きていることに焦点を当てて論じたいと思います。

本書を通じて、現代中国の「監視社会」をめぐる日本国内のやや偏《かたよ》った言論のあり方にささやかな一石を投じることができれば、私たち著者にとって望外の喜びです。

幸福な監視国家・中国　目次

校閲　猪熊良子
図版作成　手塚貴子
DTP　佐藤裕久

第1章

中国はユートピアか、ディストピアか

「イプシロンは、自分がイプシロンでも気にならないのよね」レーニナは声に出して言った。

「そりゃそうだ。当然だろ。それ以外の自分を知らないんだから。もちろん僕らはイプシロンなんていやだけど、それはそういう風に条件づけされているからだよ。それに、もともと別の遺伝形質をもって生まれてきてる」

「わたし、イプシロンじゃなくてよかった」レーニナはきっぱり言った。

「もしきみがイプシロンだったら、条件づけのせいで、ベータやアルファじゃなくてよかったと思うはずだよ」

――オルダス・ハクスリー『すばらしい新世界』(大森望訳)より

間違いだらけの報道

近年の中国社会における急速なＩＴの普及、生活インフラのインターネット化は、膨大な個人情報の蓄積と、それを利用したテクノロジーによる社会統治という新たな状況をもたらしています。

地方政府などが行政機関を通じて入手した市民の個人情報を統合して「格づけ」を行う社会信用システム、あるいはアリババ傘下の企業が提供する「芝麻信用《ジーマーシンユン》（セサミクレジット）」に代表される社会信用スコアなど、人工知能（ＡＩ）とビッグデータを駆使した先進的なサービスが急速に広がっているという話を聞いたことがある人は多いでしょう。

一方で、町中に監視カメラが設置され、交通違反をした市民が大スクリーンで顔写真つきでさらされるなど、比較的原始的な「見せしめ」も平然と行われています。こういった中国社会の現状を、私たちはどのように理解すればよいでしょうか。

このところ日本でもテクノロジーの進化による「監視社会化」への関心は高まっており、関連する書籍が複数出版されているほか、テレビの報道番組やビジネス雑誌などでも相次いでこういったテーマで特集が組まれています（例えば、『週刊東洋経済』２０１８年12月1日号特集「データ階層社会」あるいは『日経ビジネス』２０１８年11月12日号特集「ここまで来た監視社会」など)。

そこに共通しているのは、中国の事例が悪しき「監視社会」の実例として、ネガティブなトーンで紹介されていることです。しかし、それらのややセンセーショナルな報道は、果たして実際に中国で生じている現象を正確に伝えていると言えるでしょうか。典型的なものを1つ紹介しましょう。

独メディア・ドイチェベレ中国語電子版3月4日付によると、中国社会信用情報センターの記録では、2018年中国当局は、「違法案件の当事者1750万人」に対して国内外への旅行を制限し、航空券の購入を禁止した。また、他の550万人に対して高速鉄道や列車の利用を禁じた。

薬物所持、脱税、罰金の未払い、交通違反などを社会信用システムの規制対象と定めている一方で、デモの参加やソーシャルメディアでの体制批判の発言も「違法行為」と認定される。(「中国昨年2千万人超、飛行機などの利用禁止　社会信用スコアで」ロイター、2019年3月7日)

中国には国民を監視する巨大なシステムがあり、交通違反からソーシャルメディアでの体制批判まで監視している。違反者には航空券や鉄道の利用禁止などの社会的制裁が与えられ、すでに2000万人が対象となっている……。こういった記述を読んで、「やっぱり共産主義の独裁国家は怖い」「ジョージ・オーウェルの『一九八四年』のまんまじゃないか」と感じた読者は少なくないことでしょう。

このように現代中国の監視社会化に警鐘を鳴らす報道や記事の多くは、基本的にそれが人々の自由な活動や言論を脅《おびや》かす「ディストピア化」であることを強調し、その背景に共産党の一党独裁体制、特に強権的な姿勢が目立つ習近平政権による言論弾圧を重ね合わせた悲観的なトーンで書かれています。

同様の報道や記事は枚挙にいとまがありません。ところが、そうした報道や記事の多くが間違いだらけ、控えめに言っても読者をミスリードしてしまう内容だと言わざるを得ません。というのも、英語、日本語を問わず中国の社会信用システムや監視社会に関する報道や記事の大半は、「何しろあれだけ言論が弾圧されている中国なのだから、監視テクノロジーの普及とともに、きっと私たちの想像のつかないディストピアが構築されているに違いない」という、先入観からくるバイアスに完全に捕らわれてしまっているからです。

専門家すら理解できていない

「デジタル監視社会」の実体に詳しい専門家ですら、中国の監視社会については正確に理解できていないようです。元朝日新聞のＩＴ専門記者（デジタルウォッチャー）、平和博《たいらかずひろ》による『悪のＡＩ論――あなたはここまで支配されている』は、ＡＩ利用における問題点を、数多くの実例から紹介しており、筆者としても啓発を受けた好著です。

その中には中国のエピソードも少なくありません。例えば、同書68ページには「『社会信用システム』は中国国務院が２０１４年６月、社会規範の向上を旗印に打ち出したプロジェクトだ。目標年次は２０２０年。14億人の国民を対象に『社会信用』のスコアを整備するというものだ」という記述があり、註に「社会信用システム建設計画綱要」のリンクが記載されています。

しかし、じつはこの公文書の中にいわゆる「信用スコア」に関する記載はありません。また、第3章で詳しく解説しているように「違法行為や社会貢献の有無で上下する信用スコア」といった中国全土をカバーするシステムは、現時点では存在していません。先ほどのロイターの記事もそうですが、こうした誤解が生じてしまうのは、バイアスのかかった先行情報を参照した結果、後追い情報もさらにバイアスがかかったものになる、という負の連鎖が起きているからだと考えられます。

このように日本ではハイテク監視社会のイメージだけが膨らんでいる状況ですが、当の中国では、いったいどのような自己認識がなされているのでしょうか。先ほどの「社会信用システム建設計画綱要」では、次のように表現しています。

「我が国の社会信用システム建設は、一定の進展があったとはいえ、経済発展レベルと社会発展段階の不釣り合い、不調和、不適合という矛盾がいまだに突出している。主要な問題は、全社会をカバーする信用評価システムがまだ形成されていないこと、社会構成員の信用記録が不足していること、信用遵守の奨励と信用違反の懲戒のメカニズムが不健全であることだ」(「国務院関于印発社会信用システム建設計画綱要〔2014—2020年〕的通知」中華人民共和国中央人民政府ウェブサイト、http://www.gov.cn/zhengce/content/2014-06/27/content_8913.htm)

この文章から読み取れるのは、「中国の社会信用は極めて遅れた段階にある」「だから何としても早く先進国に追いつかなければならない」という、中国政府が抱えている焦燥感です。つまり、「アメリカや日本などよりずっと先を行くハイテク監視社会が出現している!」という外からの視点と、中国自身の現状に対する内からの視点とでは、評価が真逆になっているわけです。

「分散処理」と「集中処理」

日本を含めたいわゆる西側諸国の中で、中国の「監視社会化」に関して偏った見方が生じてしまう理由の1つに、次章で詳しく述べるように、中国におけるテクノロジーの進歩や社会への応用（「社会実装」）のスピードが早すぎて、状況をフォローするのが専門家であっても非常に大変だということが挙げられます。

しかしより重要な点として、中国の社会体制が普遍的人権や議会制民主主義、法の支配と立憲主義といったいわゆる「普遍的価値」にもとづくものとは根本的に異なるため、変化の激しいテクノロジー、特に「監視社会」に関係するそれが、一体どう使われるかわからないという「不確実性」に対する漠然とした恐れが、背景に存在するように思えます。

さらには中国のような権威主義的な国家こそ、これからのＡＩ＋ビッグデータの時代で覇権を握るだろう、という言説がそれなりの説得力を持って展開され始めていることも、その漠然とした恐れを助長するものとして挙げられるかもしれません。

例えば、世界的なベストセラー『サピエンス全史』の作者であるユヴァル・ノア・ハラリは、近作『ホモ・デウス――テクノロジーとサピエンスの未来』の中で、民主主義や独裁制といった政治体制を、競合する情報収集・分析メカニズムとして捉えることを提唱しています。独裁制は「集中処理」の方法を使い、民主主義は「分散処理」を好む、といったようにです。

「集中処理」「分散処理」はもともと情報処理上の概念で、前者は情報やセキュリティの管理を1つのコンピュータ上で行うことを、後者は複数のコンピュータ上で行うことを指しますが、ここではそのアナロジーとして、経済や政治といったシステムの運用に必要な情報が国家に一元的に管理・処理されるのか、より多様な組織によって管理・処理されるのかを対比するために用いられています。

その上でハラリは、テクノロジーが加速度的に変化した20世紀後期の状況では、個々の企業レベルで経済・産業に関する情報を処理し、お互いに競争しあうような分散処理型のシステムがうまく機能したため、民主主義を掲げていた自由主義陣営が冷戦におけるテクノロジー戦争に勝利した、と述べています。しかし、そのことの裏返しとして、21世紀に再びテクノロジーの性質が変化し、データの量と処理速度の重要さが増すことによって、今度は独裁制が優位になる可能性があることを示唆しています。

「今日の民主主義の構造では、肝心なデータの収集と処理が間に合わず、たいていの有権者は適切な意見を持つほど生物学や人工頭脳学を理解していない。したがって、従来の民主主義政治はさまざまな出来事を制御できなくなりつつあり、将来の有意義なビジョンを私たちに示すことができないでいる」(『ホモ・デウス(下)』柴田裕之訳、218頁)というわけです。

また、経済学者の井上智洋《いのうえともひろ》は、AI・ビッグデータ・IoT(モノのインターネット)といった次世代の汎用目的技術をいち早く発展させた国が、第四次産業革命期のヘゲモニー(覇権)国家となると述べ、その本命が中国であると予測しています。それは、「次代の最もクリティカルな(決定的に重要な)機械であるAIに対する政府および民間の取り組みが、大国の中で最も活発」であり、さらに「人口が多く、また独裁的な国家であるために人権を軽視して個人情報を収集できるのでたくさんのデータが得られやすい」からにほかなりません(『純粋機械化経済——頭脳資本主義と日本の没落』、45頁)。

ただ、ここで注意しなければならないのは、現代中国におけるテクノロジーの進歩の要因を情報の「集中処理」に帰するのはかなりミスリーディングだ、ということです。まず、第2章で見るようにアリババ、テンセントを始め、デジタル時代の新たなテクノロジーを開発し、それらを先んじて社会実装するのは圧倒的に民間企業です。新たなテクノロジーの開発にとって情報の「集中処理」が重要ならば、そこで優位性を持つのは国有企業のはずですが、実際はまったくそうはなっていません。また第7章で述べるように、中国は、ブロックチェーンなど分散型ネットワークを用いた情報処理技術の開発およびその社会実装においても世界の先端を走っています。

テクノロジーへの信頼と「多幸感」

とはいえ、政治的な権力の国家への集中が見られる、という意味での権威主義国家こそがＡＩ覇権を握るといった言説の流行は、現在の中国社会においてテクノロジーへの信頼に支えられたがゆえの「ユーフォリア（多幸感）」が生じていることと無関係ではないように思えます。

例えば、調査会社イプソスによる「世界が懸念していることに関する調査（What Worries the World study）」の２０１９年の結果によると、調査対象の28か国の平均で、過半数の人々が「自国は間違った方向に進んでいる」と感じています（58％）。その中で、自国の進んでいる方向性について最も自信を持っているのは中国で、94％の調査対象者が「正しい方向に向かっている」と回答した、という結果が得られています。

この調査は毎年行われていますが、中国では一貫して90％前後の回答者が自国は「正しい方向に向かっている」と回答しています。そう言うと「共産主義の独裁国家で国民が洗脳されているからだ」という反応が返ってくるかもしれませんが、民主主義国家であるインドも、自国に進んでいる方向性については肯定的な回答が一貫して高い割合を示しています。この数字は、一般的に経済成長率の高い新興国で高くなる傾向があるようです。

また、米国の調査会社エデルマンが27か国の約3万3０００人を対象に、1人あたり30分のオンライン調査を実施してまとめたレポート「トラストバロメーター」の２０１９年版によると、「テクノロジーを信頼するかどうか」という質問に対して、「信頼する」と答えた人の割合は、中国では91％に達し、調査対象国のうち1位でした。ちなみに日本では「信頼する」と回答した人の割合は66％で、ロシアと並んで最下位でした。

全体的に、経済成長率の高い新興国ではテクノロジーの肯定感も強い傾向があるとはいえ、中国におけるテクノロジーへの信頼性、およびそこから生まれる未来の社会に対する楽観的な姿勢(「テクノロジカル・ユーフォリア」)は、世界の主要国の中では群を抜いていると言えるでしょう。

未来像と現実のギャップがもたらす「認知的不協和」

こういったテクノロジーへの信頼は、いわゆる「監視」テクノロジーについても、それが社会の利便性を高める、治安をよくする、といったポジティブな側面への評価につながっている、と言えそうです。

例えば、中国を代表するIT企業大手アリババ傘下のアリババクラウド社は、同社がその豊富なビッグデータを用いて都市インフラのデジタル化を進める浙江省《せっこうしょう》杭州《こうしゅう》市のスマートシティ計画「ET城市大脳」が目指すものについて、「ビッグデータそのものを都市インフラと位置づける」ことによって、AIによるデータ活用が交通渋滞の解消、エネルギー損失の縮小、物流の高速化、市政サービスの簡便性の向上、防犯体制の強化につながる、という考えを示しています（助川剛「杭州市の〈ET城市大脳〉プロジェクト」）。

また、アリババクラウド社（アリババ）は、自分たちのやっていることについて「ビッグデータの内部情報には一切触れずにアルゴリズム解析をし、要求された（あるいは、されているであろう）情報を自動的にアウトプットする」だけだ、と説明しているそうです。これは、アリババのような私企業が政府と協力して公然と市民を監視下に置いているのではないか、という海外でよく見られる批判に対する予防線とも言えそうです。

つまり、独裁者による意図を持った市民の監視などは、現代のビッグデータとその解析をベースにしたテクノロジーの下ではそもそも現実的ではない、強いて言うなら市民を監視する主体は特定の人間ではなくAI、あるいはそれを動かしているアルゴリズムそのものである、だからこそわれわれにとって（共産党による）恣意的な人々の「監視」よりも、デジタルな監視技術のほうが信頼できるのだ——担当者が直接こう語っているわけではありませんが、その背景にある「思想」を筆者なりに「忖度《そんたく》」すると、こんな感じになるのではないでしょうか。

こういった考えは、じつは功利主義という強固な哲学的基盤を持っており、容易には否定できないものだと筆者は考えていますが、その点については第6章で詳しく論じたいと思います。

もちろん、中国において人々のテクノロジーへの信頼感、およびテクノロジーの進歩によって社会は全体として「よい方向」に向かっているという感覚が強いからといって、そこから直《ただ》ちに「現在の権威主義的な体制を支持している」という結論を導くことはできませんし、そうすることは危険でもあります。

それでも、このようなテクノロジーが示す「未来像」について、中国社会のマジョリティが抱いているオプティミズムと、中国の「外側」にいて聞こえてくる言論弾圧や民族問題の深刻さ（第4章および第7章参照）との間のギャップは確かに大きく、私たちに「認識的不協和（人が自身の中で矛盾する認知を抱いたときに覚える不快感）」をもたらすものだと言えるでしょう。現代中国の監視社会、あるいは監視テクノロジーについて客観的な事実にもとづいた報道や議論が少ないのも、こういった認識的不協和と大いに関係がありそうです。

幸福を求め、監視を受け入れる人々

さて、すでに述べたように、現代中国の「監視社会」に関する報道や記事は、多かれ少なかれジョージ・オーウェルが『一九八四年』というディストピア小説の中で描いた、独裁者「ビッグブラザー」が至る所に設置された「テレスクリーン」を通じて人々の言動を監視する世界、あるいはドイツの政治学者セバスチャン・ハイルマンが用いてよく知られるようになった「デジタル・レーニン主義」という用語に象徴されるように、情報を中央政府へと極度に集中させる、冷戦期におけるスターリニズムの進化版というイメージで捉えようとするものだと言ってよいでしょう。

しかし、本書では、現在の中国社会で起きていることを、そうした冷戦期の社会主義国家における監視社会のイメージで語るのはかなりミスリーディングだ、というスタンスをとっています。それよりもテクノロジー、およびそれがもたらす社会の変化や、未来像に対する人々の肯定感に焦点を当てつつ、そのコインの裏面として進行している「監視社会化」について論じていきたいと筆者たちは考えています。つまり、「監視社会」やそれに伴う「自由の喪失《そうしつ》」を論じるのであれば、同時に「利便性や安全性の向上」にも目を向けなければならないのではないか、ということです。

その立場からすると、より便利で、快適な社会を求める人々の功利主義的な欲望を糧《かて》に発達しているという点で、現在の中国の状況は、同じSF小説といっても、『一九八四年』よりも冒頭で引用したオルダス・ハクスリーの『すばらしい新世界』が描く世界のほうによっぽど近いように思えます。

人々が画一的で自由を奪われた生活を送る、文字通りのディストピアが『一九八四年』の世界であるのに対して、『すばらしい新世界』では人々は煩《わずら》わしい家族関係や、子育て、介護などから解放され、やりがいのある仕事を持ち、不特定のパートナーとの性的関係を含む享楽的な生活を謳歌《おうか》しています。しかも、そこでは人々が己の欲望のままに振る舞ったとしても、決してそのことで社会秩序が崩壊することはありません。

というのも、そこではすべての人々が「社会的なもの」として育てられる、すなわち赤ん坊の頃から保育器の環境や栄養状況、耳から聞かされるメッセージなどを通して社会規範を逸脱するような欲望をそもそも抱かないよう「条件づけ」されているからです。そしてこうした「条件づけ」は、社会階層と個人の能力をリンクさせることによって「アルファ」から「イプシロン」までのタイプを形成・再生産し、最下層のイプシロンに過酷な肉体労働を担わせるという徹底した分業体制によって支えられています。

いずれもディストピア小説の古典的名作と言われながら、『一九八四年』は後継作品を挙げることが難しいのですが、『すばらしい新世界』の世界観がその後の多くの作品に受け継がれているのも――比較的最近の傑作としては伊藤計劃《いとうけいかく》による『ハーモニー』が挙げられるでしょう――、この作品が人々に広く共有されている資本主義的・功利主義的な価値観をベースにしながら、その行き着く先を見事に暗示しているからかもしれません。つまり『一九八四年』が20世紀初頭の社会主義のイメージに強く影響された世界観であるのに対して、『すばらしい新世界』はすぐれて資本主義的な、ある意味ではその理想形である未来像を示している、ということです。

ちなみに、中国を題材にしたディストピア小説としては、陳冠中《ちんかんちゅう》による『しあわせ中国――盛世２０１３年』があります。この本の原作は２００９年に出版されたこともあって、テクノロジーによる人々の監視という主題を直接取り上げているわけではありませんが、中国社会の現実、および将来に対する人々のユーフォリアと、それに違和感を抱くごく一部の人々との対比がかなりリアルに描かれています。この「現実を肯定するマジョリティ」と「それを受け入れられない少数者たち」の対比というのも、『すばらしい新世界』以来繰り返し描かれてきたテーマです。

話を戻すと、勘のよい読者であればおわかりのように、筆者らは人々のより幸福な状態を求める欲望が、結果として監視と管理を強める方向に働いているという点では、現代中国で生じている現象と先進国で生じている現象、さらには『すばらしい新世界』のようなSF作品が暗示する未来像の間に本質的な違いはないと考えています。

例えば、憲法学者の山本龍彦《やまもとたつひこ》は、アリババ傘下のアントフィナンシャル社が開発した「芝麻信用」を例に取りながら、民間企業がビッグデータを活用して開発した個人を対象とする「信用スコア」が社会に普及するにつれ、そこでネガティブな評価を受けた人々の活動範囲が次第に狭まっていき、階層が固定化される「バーチャル・スラム」という現象が生じる可能性がある、と警鐘を鳴らしています。

このＡＩとビッグデータを通じた「バーチャル・スラム」による階層の固定化と、生まれたときの「条件づけ」によって「アルファ」から「イプシロン」までのタイプが再生産される『すばらしい新世界』の設定までは、すでにあと少しの距離ではないでしょうか。

中国の「監視社会化」をどう捉えるべきか

現在、テクノロジーの観点から中国を論じた書物は、キャッシュレス化やフィンテックなどのビジネス的な視点、さらにはトランプ政権になってから顕在化してきた米中の「ハイテク覇権争い」に絡む地政学的な視点から書かれたものを含め、巷間《こうかん》にあふれています。

そうした中で、あえて本書を出版した狙いは、テクノロジーがもたらす実際の社会の変化をできるだけリアルに見つめながら、全世界で急速に進みつつある新しいタイプの「監視社会化」の流れ――すなわち、20世紀的なオーウェル式の監視社会とは異なる流れ――の中に現代中国で起こっている現象を位置づけよう、というものです。

いわゆる現代の「監視社会」をめぐっては、これまでも欧米や日本などの事例を中心に、膨大な議論の蓄積があります（第3章参照）。その中には「監視社会」を人々の自由な活動や言論を脅かすディストピアと同一視し、警鐘を鳴らすような比較的単純なものもありますが、そういった議論はむしろ下火になってきています。

近年はそれに代わって、テクノロジーの進展による「監視社会化」は止めようのない動きであると認めた上で、大企業や政府によるビッグデータの管理、あるいは監視を市民（社会）がどのようにチェックするのか、というところに議論の焦点が移りつつあります。

しかし、共産党の一党支配が続く現代中国において、「市民による政府の『監視』の監視」というメカニズムは望むべくもありません。一方で、「監視社会」が現代社会の人々に受け入れられてきた背景が、利便性・安全性と個人のプライバシー（人権）とのトレードオフにおいて、前者をより優先させる功利主義的な姿勢にあるとしたら、中国におけるその受容と「西側先進諸国」におけるそれとの間に、明確に線を引くことはできません。

そのため、このような観点から中国の「監視社会」について考えることは、どうしてもその市民社会的基盤や公共性、あるいは社会統治のあり方といったものも含め、より広い視野で議論を行う必要があります。本書の後半では、こういった点にも踏み込んで論じて行きたいと考えていますが、まずは現在の中国で何が起こっているかを詳しく見ていきましょう。

第2章 中国ＩＴ企業はいかにデータを支配したか

「新・四大発明」とは何か

羅針盤、火薬、紙、印刷技術。これらは世界史の授業で習う古代中国の四大発明です。中国にとっては輝かしい人類史への貢献であり、2008年の北京《ペキン》五輪開会式のショーにも盛り込まれました。そして最近になって「新・四大発明」が登場しました。高速鉄道、EC(電子商取引)、モバイル決済、シェアサイクルです。

2017年に北京言語大学が外国人留学生を対象に実施したアンケートで選ばれたもので、中国で生活した外国人が驚いた、便利なサービスを示しています。古代中国の四大発明と比べるのはおおげさな気もしますが、中国社会を大きく変えたサービスであることは間違いありません。

ただ、「発明」とはいうものの、中国が生み出したのは駐輪場がなく、好きな場所で乗り捨てができるドックレス型シェアサイクルぐらいでしょうか。残る3つはいずれも他国で発明されたものです。特に高速鉄道は日本の新幹線の技術も提供されているので、中国の発明品と言われると、複雑な気持ちになります。ただ、イノベーション、すなわち新たな手法で社会的意義のある価値を生み出すこと、という観点から見れば、新・四大発明は立派なイノベーションです。

中国経済の研究者である伊藤亜聖《いとうあせい》は、中国のイノベーションを、「製造業の集中と分業体制に基づくサプライチェーン型、インターネットのプラットフォーム企業が牽引するデジタルエコノミー型、多様なアイデアが市場に導入・修正されていく社会実装型、そして基礎研究に基づく科学技術型」の4つに分類していますが、この中でいわゆる発明に属するのは「科学技術型」だけです。言い換えれば、中国では発明以外のイノベーションが中心なのです。技術は開発されただけでは何も生み出しません。活用されるようになって初めて価値を持ちます。中国ではこのスピードが驚くほどに速いのです。

新・四大発明の1つ、高速鉄道を例に取ってみましょう。中国で高速鉄道の運行が始まったのは2008年のこと。まだ10年あまりしか歴史がないのですが、その営業距離は2万9000キロ（2018年末）と、日本の新幹線が50年以上かけて築いた線路の10倍以上に達しています。いまも新路線の建設が続いていて、2030年には「八縦八横《はちじゅうはちおう》」（南北8路線、東西8路線の主要高速鉄道網）が完成し、人口50万人以上の都市はほぼすべて高速鉄道網に接続します。路線長は4万5000キロに達する計画です。

最初は借り物の技術であっても、これだけの量をつくっているうちに中国企業の実力も伸びています。さらに実際につくって運用する中で課題が見つかり修正していくことができます。単に投入が早いだけではなく、猛スピードで改善が進む点に中国のイノベーションの特徴があります。

アリババはなぜアマゾンに勝てたのか

高速鉄道と同じく、EC、つまりネットショッピングも中国では猛烈なスピードで広がり、進化を続けています。中国ECの市場規模は9394億ドル。全世界のEC市場規模の40%を占めて、世界一です(2018年版通商白書を参照。2017年実績)。中国はいかにして「世界一のEC大国」となったのでしょうか。

中国EC最大手であるアリババグループを例に紹介します。アリババグループの創業者の馬雲《ジャック・マー》は大学の英語教師でしたが、1995年に米国に出張した時にインターネットを知り、世界を変える技術だと感銘を受けて起業します。インターネットの案内サイト、政府系の大企業向けECサイトの立ち上げを経て、1999年にアリババを創業しました。

当初はB2B(企業間)取引のサービスとしてスタートしました。馬雲は浙江省の出身ですが、同地には「100円ショップの故郷」と呼ばれ、プラスチック製品や金物、日用品などを扱う巨大卸売マーケットである義烏《ぎう》国際市場があります。日本の100円ショップのような巨大企業から、中国に無数にある小さな雑貨店にいたるまで、さまざまな商店がこの市場から品物を仕入れています。馬雲自身も卸売市場から物を仕入れて販売していた経験があり、こうした卸売市場をインターネットの世界にコピーするという構想を持っていたのでしょう。

そのアリババの転機となったのが2000年代前半です。アメリカからイーベイ、アマゾンという巨大ECサイトが中国に参入してきたのです。どちらもC2C（対個人）のECサイトです。彼らと対抗するべく、アリババも淘宝《タオバオ》というサイトを展開しました。2000年代前半の中国IT企業と、世界一の実力を誇る米国IT企業とでは大きな実力の差がありましたが、アリババはこの戦いを勝ち抜きます。

中国型「EC」の特徴

アリババが勝利した背景、それは「いかに中国人にとって使いやすいサービスを実現するか」という点で、イーベイとアマゾンを上回ったためです。そのことは「モノ軸のEC」と「ヒト軸のEC」という視点で見ると、よく理解できます。

「モノ軸のEC」の代表はアマゾンです。消費者はアマゾンのサイトでまず欲しい物を検索し、購入する商品を決めます。同じ商品を複数のショップが販売している場合にはどこから買うかを選べますが、ほとんどの消費者は意識していないでしょう。「何を買うか」が重要で、「誰から買うか」の比重は皆無です。

一方の「ヒト軸のEC」である淘宝は検索すると、まずショップが羅列されます。商品の標準化がされていないため、同じ商品でも別の名称で販売されていたり付属品が違っていたりするので、比較検討は容易ではありません。アマゾンに慣れた消費者からすると非効率極まりないように思えるのですが、「ヒト軸のEC」には別のメリットがあります。

アマゾンなどの「モノ軸のEC」は自分で情報を入手し、商品を比較検討できるユーザーにとっては使い勝手がいいのですが、リテラシーの低いユーザーには使いこなせません。一方、「ヒト軸のEC」である淘宝などでは、信頼できるショップを見つければそこから買い続ければいいので、リテラシーが低い人でも使いやすいのです。

淘宝には客がショップの信用評価をする仕組みがあり、悪い評価がつくと売り上げに大きく響くため、ショップも懇切丁寧に対応してくれます。チャットで説明してくれる機能もあるので、相談しているうちに「あなたの必要な商品はこっちでしょ」と別の商品を勧められることもあります。現実の店をそのままネットの世界に移したようなつくりになっているわけです。「何を買うか」以上に、「誰から買うか」が重要な世界です。

ある国でＥＣがどれだけ普及したかを示す指標にＥＣ化率があります。その国の小売販売額に占めるネット販売額の比率ですが、日本は２０１７年実績で５・79％。中国は3倍以上となる19％です。ＥＣ化率をこれだけ高めるためには、リテラシーが低い人を含め、より多くのユーザーを取り込む必要があります。そのためには普通の店の感覚に近い、「ヒト軸のＥＣ」の淘宝が重要だったわけです。

ライブコマース、共同購入、社区ＥＣ

さらに中国では近年、「ヒト軸のＥＣ」を発展させた新サービスが次々と登場しています。ここではライブコマース、共同購入、社区ＥＣを紹介しましょう。

ライブコマースは動画配信とネットショッピングを一体化させたサービスです。配信者が生放送で商品について説明し、視聴者は動画を見ながらボタンを押すだけで商品を購入できるというもので、テレビ通販に近いのですが、視聴者のコメントに配信者が回答するというインタラクティブ性が特長です。

服を売っている配信者に「裏地を見せて」「サイズ感が知りたいからちょっと着てみて」

などのコメントを送ると、配信者はコメントに応じて商品を見せたり、質問に回答したりします。最近では農村からのライブコマースも広がりつつあります。日本のスーパーにも「○○県の田中さんがつくった野菜です」などと生産者の顔が見える販売を取り入れているところがありますが、ライブコマースだと生産者が動画に出てきて質問に答えてくれるので、より身近な存在に感じられます。

　このライブコマースは２０１５年が元年と言われており、いまでは多くのＥＣサイトが採用する人気サービスとなっています。そしてライブコマースに少し遅れてブームとなったのが共同購入です。牽引役となったのは拼多多《ピンドゥオドゥオ》という新興企業。２０１５年の創業ですが、わずか3年でＧＭＶ（Gross Merchandise Value、総流通総額。ＩＴ企業によく使われる指標で、サービス上で行われた取引の合計額を指す）が年１０００億元を突破し、アリババグループとＪＤドットコムに次ぐ3位、注文件数でアリババグループに次ぐ2位にまで成長し、米ナスダックに上場しました。

　拼多多の打ち出した共同購入とは、同じ商品をたくさんの人が買えばその分値段が下がるという仕組みです。例えばティッシュペーパーを購入しようとする時、自分1人だけが買えば1個１００円ですが、10人で買えば1個95円、１００人ならば90円といった具合に安くなります。友人や知人を巻き込んで一緒に買ったほうが得になります。店員ではなく、ユーザーが他のユーザーを呼び込むという新たな「ヒト軸のＥＣ」です。この共同購入の仕組みは日本でも２０１０年前後に流行していますが、中国では5年遅れでブレイクしました。地方都市や農村でのネットユーザー拡大というトレンドと拼多多の登場のタイミングがちょうど合致したためです。

そして２０１８年にブームとなった最新トレンドが社区ＥＣです。日本語に訳すならば、団地ＥＣでしょうか。１つの敷地内に複数の大型集合住宅が立ち並んでいる、日本の団地と似た居住地域が社区です。この社区ごとにパートナーを１人おき、その責任者がご近所さんにネットショッピングで買う物を仲介斡旋《あっせん》するというシステムが社区ＥＣです。パートナーは売り上げの一部を収入としてもらえます。買う側からすれば、身近なご近所の有力者が窓口になっているので、比較的安心して購入できます。ひどいものを売りつけたら商売が続きませんし、同じ社区に住んでいるので逃げられる心配もないというわけです。

ライブコマース、共同購入、社区ＥＣはいずれも「ヒト軸のＥＣ」の発展形です。先に紹介した3つの新形態はいずれもヒトの重要性がさらに高まり、売り手の顔がはっきりと見えるようになっています。面白いのは、この3つの新サービスが大都市よりも、地方都市や郊外でユーザーを伸ばしている点です。

淘宝はリテラシーが低いユーザーでも使いやすいと述べましたが、動画を見て気に入ったものを買う、あるいは知人やご近所さんから勧められたものを買うという新サービスはさらにハードルが低く、いままでネットショッピングを使おうとしなかった層にも届いたということです。

スーパーアプリの破壊力

こうしたECの爆発的な拡大を支えてきたのが、新・四大発明の「3つ目」であるモバイル決済と言えるでしょう。モバイル決済はアリババグループのアリペイ(支付宝《ジーフーバオ》)、大手IT企業テンセントのウィーチャットペイ(微信支付《ウェイシンジーフー》)が二強で、両社のシェアを合計すると92%に達します。

テンセントのアプリ「ウィーチャット」は2011年にリリースされたスマートフォン用のメッセージアプリですが、現在公開されている最新統計では同社のメッセージソフトQQのMAU(月間アクティブユーザー、1カ月間に1度以上アプリを利用したユーザー)が7億

8000万人、ウィーチャットは10億8000万人という膨大な数を誇ります。

このウィーチャットには、ウィーチャットペイと呼ばれる決済機能があります。最近では旅行者向けに日本国内でも対応する店が増えているので、皆さんも「微信支付」のマークを目にする機会が多いはずです。ウィーチャットペイを用いれば、お店で支払いができるだけではなく、さまざまなネットサービスの支払いも可能です。

また先ほど触れたアリペイも、もともとはEC向けだった決済システムでしたが、現在ではお店での支払いにも使えるようになっています。調査会社アイリサーチによると、スマートフォンを使った店舗決済、いわゆるモバイル決済の取引額は2018年に170兆8000億元（約2680兆円）に達しました。巨大な資金の動きがアリババグループとテンセントの2社に把握されているのです。

現金には匿名性があります。ある紙幣がどのような経路をたどって流通してきたか、どのような商品の代価として使われたかは、現金そのものには記録されていません。しかしモバイル決済では誰が支払って誰が受け取ったのかはもちろんのこと、決済の時刻や位置情報など多くのデータが記録されます。そしてそれらのデジタル化されたデータを分析することも容易です。グーグル、アマゾン、フェイスブック、アップル、いわゆるGAFA

と呼ばれる米国の巨大IT企業は検索、SNS、EC、アプリなどのサービスを通じてユーザーの情報を収集しています。これがプライバシーの危機につながると喧伝されているわけですが、アリババグループやテンセントが保有する、いつどこで何にお金を使ったかに関する情報は、GAFAが取得している情報をはるかに上回る重要性を持ちます。お金の動きには、経済活動に関するすべての情報が含まれているからです。言い換えれば、中国の巨大IT企業は、そうした重要な情報をほとんど2社だけで独占しているのです。

また、両社のアプリは「スーパーアプリ」と呼ばれ、様々なサービスのハブとなっています。中でも強力なのが、ウィーチャットの「ミニプログラム」という機能です。これはアプリ上で、別の簡易的なアプリを動作させる機能で、ウィーチャットさえインストールしておけば、多くの(ミニ)アプリをインストールせずとも使えるようになるわけです。アイリサーチによると、2019年1月時点でウィーチャットには120万種類ものミニプログラムがあります。極端に言うと、ウィーチャットから使いたいサービスをすぐに探しだせる。そして、アプリのインストールや会員登録をせずとも使うことができ、有料の場合は支払いまでもできるわけです。

アリペイにもミニプログラムはありますが、ウィーチャットほどの使い勝手はありません。それは中国のネットユーザーのほとんどが、ウィーチャットとアリペイの双方をインストールしているとはいえ、メッセージアプリという性格上、利用時間はウィーチャットが圧倒的に長く、何か用事があればウィーチャットを開くという利用習慣が根づいているためです。

いずれにしても、これらのアプリは利用者にとって大変便利ではありますが、同時に膨大な個人情報を提供するものでもあります。先ほどモバイル決済では経済活動のすべてが企業に把握されていると述べましたが、中国の巨大IT企業はスーパーアプリを通して、利用者が誰と交友関係があるのか、どの程度の頻度で話しているのかというコミュニケーション情報、そしてミニプログラムを通じてユーザーがどのようなサービスをどう利用しているのかといった細かな情報まで、把握しているのです。

ギグエコノミーをめぐる賛否両論

ここまでアリババを中心としたEC網、テンセントを中心としたメッセージアプリとスマホ経済圏を通じて、消費・経済に関する情報からコミュニケーション情報、そしてサービス利用状況まで、民間の巨大IT企業が独占している中国社会の現状を見てきました。

しかし、この2社が変えたのはそれだけではありません。いつ、どこで、どのような労働をして、どれだけ収入を得たか。労働に関するデータも巨大企業の手に渡りつつあります。転機となったのは、5～6年前からのギグエコノミーの登場です。普段は別々に活動しているミュージシャンたちが集まって、その場限りの演奏、ギグセッションを行うように、決まった仕事につくのではなく、極めて短期で、報酬も1件こなすごとにいくらという形で支払われる仕事を指します。

すでに多くの分野で活用されており、一般市民がマイカーを使ってタクシー業務を行う、いわゆるライドシェアというサービスを展開する米ウーバーや米リフトのような配車サービス、そしてレストランからの出前を配送する米ウーバーイーツなどの出前代行、チラシのデザインやウェブサイトの設計、あるいは文章の執筆などを案件ごとに受注するクラウドソーシングなど、ギグエコノミーにはさまざまな形態があります。

「新・四大発明」の1つ、シェアサイクルもギグエコノミーによって支えられたサービスです。サービスの根幹は「路駐している自転車をアプリで解錠して乗り、好きなところで乗り捨てる」というものですが、ユーザー任せにしておくと、自転車は次第にあまり人が使わない、不便なところに溜まってしまいます。また、ちゃんと並べないと歩行者の邪魔になります。そのためシェアサイクルには自転車を回収して移動させる人、きちんと並べ直す人という労働力が不可欠なのです。中国の街中を歩いていると、電動三輪車に山のように自転車を載せて移動させているギグワーカーの姿をよく見かけます。

電動三輪車に山のように載せられたシェアサイクル（筆者撮影）

こうしたギグエコノミーには賛否両論があります。賛成の意見を紹介すると、1つの会社に所属するのはリスクであり、複数の収入源を持てばリスクヘッジができる。多様な仕事で自分の能力を高め、コネクションを増やすことができるというものです。ダイアン・マルケイの著書『ギグ・エコノミー』の邦訳には、「人生100年時代を幸せに暮らす最強の働き方」という副題がつけられています。寿命が延びる一方で、ＡＩの発展などで社会が激変する時代において、終身雇用はリスクであり、ギグエコノミーによってよりよい人生を送ることができる、という非常にポジティブな見解がそこからうかがえます。

一方、否定的な意見としては、労働者は便利に使い捨てされるため、低賃金で不安定な環境に置かれる、家庭を持ち子どもを育てられるレベルの収入は得られない、現行の法律では想定されていない働き方のため、労働者の権利が保護されない、といったものが挙げられるでしょうか。

『現代思想』2018年11月号の特集「『多動』の時代──時短・ライフハック・ギグエコノミー」には多くの論者が論考を寄せていますが、「ブルシット・ジョブの上昇──デヴィッド・グレーバーへのインタビュー」「ワーキング・マザーの『長時間労働』──『ワーク・ライフ・過労死？』」という記事タイトルからもわかるとおり、ほぼすべてがギグエコノミーに否定的です。

中国のギグエコノミー

では、中国はどうでしょうか。中国ではギグエコノミーに、「零工経済《リンコンチンジー》」、つまり仕事が極めて細分化された経済モデル、という訳語が当てられています。この訳語からもわかる通り、非熟練労働者の超短期労働にフォーカスしています。日本では批判されている側面ですが、その評価は大きく異なります。ギグエコノミーを積極的に評価する声が強いのです。それはなぜなのでしょうか。この点を考える前に、中国のギグエコノミーについて、具体的に見てみましょう。

代表的なサービスとしては、まずアメリカと同じ配車アプリが挙げられます。2012年創業の滴滴出行《ディディチューシン》は買収合併により規模を大きくし、いまではデファクトスタンダードの配車アプリとなりました。ソフトバンクグループの出資を受け、2018年からは日本にも進出しています。

ただし、日本ではスマートフォンからタクシー配車を行う業務しか行っていません。日本の道路運送法ではライドシェアは白タク扱いとなってしまうためです。いまや世界の多くの地域でライドシェアは便利なサービスとして普及しつつありますが、日本ではタクシー配車アプリはあっても、ライドシェアはいまだに展開できずにいます。

じつは中国も日本に負けず劣らず、タクシー規制が強固な国でした。タクシー認可が地方自治体の利権となっており、許認可権は1台あたり100万円以上もの金額で売買されていたのです。タクシーの台数が規制されて需要よりも少ないので、タクシー運転手は殿様商売で、顧客に対するサービス意識はゼロ。中国のタクシーと言えば悪名高き存在でした。一方、ライドシェアでは利用後に顧客が運転手を評価する仕組みがあり、評価が下がれば仕事が減っていきます。そのため、ドライバーはサービスを重視しなければなりません。また供給台数が増えたため、混雑時にもつかまえやすくなりました。

　ドライバーからしても、本業は別にあっても休み時間に車を出して副収入を得られるなど、ライドシェアはメリットが大きい就業形態なのです。彼らの事情はいろいろです。「IT企業で働く息子夫婦が出産したため、両親が遠く離れたこの街までやってきた。母親は赤ちゃんの世話をしているが、父親は手持ち無沙汰のためライドシェアで働いている」「バーテンダーをしているが、昼間に空き時間があるので、出勤前にドライバーをしている」「経営している会社が潰れたため、とりあえずライドシェアで生活費を稼いでいる」など、比較的すぐに仕事を見つけられる、働く時間は自分で決められるなどの自由度の高さが、働く側にとっても魅力となっているようです。

　ライドシェアに続いて、中国でブームとなったギグエコノミーが都市内配送です。最大の業種は「外売《ワイマイ》」、出前代行です。一般的な出前はお店が専門の配送員を雇っていますが、出前代行は第三者企業がお店で食事を受け取り、顧客のもとまで運びます。現在、美団点評《メイトゥアン・ディエンピン》、餓了麼《ウーラマ》が二大企業です。食事時に中国の街中を歩くと、黄色い制服を着た美団の配送員、青い制服を着た餓了麼の配送員が忙しそうに走り回っている姿をよく見かけます。この配送業務はさまざまな形態に拡大しつつあります。例えば、餓了麼は風邪薬などの配送も請け負っています。また配送員を抱えた生鮮スーパーの盒馬鮮生《フーマーフレッシュ》も人気です。店で買うのとまったく同じ料金で、最短30分で食材を届けてくれます。

こうした、実世界の店舗とオンラインショッピングを融合する新たな形式の小売りは盒馬鮮生以外にも続々と登場しています。コーヒーチェーンのラッキンコーヒーは、配送メインで事業を展開して急成長しました。またＪＤドットコム系列の物流企業ＪＤ物流が展開する達達《ダダ》は、一般ユーザーから荷物を預かって同一都市内の別の場所に運ぶ、バイク便のようなサービスを展開しています。買い物したり外食したり物を届けたり、ちょっとした外出を代行してくれるのが都市内配送サービスですが、百花繚乱《ひゃっかりょうらん》の様相を呈しているのです。

興味深いのが配送員の給与の高さです。北京市や深圳《しんせん》市などの大都市では月に８０００～1万元は稼げるとの触れ込みで募集されています。かなりハードな仕事なので相当がんばらないと達成できないですし、配達に使う電動バイクは自前で用意する必要があるとはいえ、学歴不問、専門技術不要の非熟練労働者としてはいままでにない高待遇です。大学生の新卒給与が5000元程度、最低賃金で働く工場労働者は残業代や社会保険を含めて月4000元あまりだと言えば、その水準がわかるのではないでしょうか。多くの新サービスが登場し、配達員の需要が急騰《きゅうとう》したため賃金が上がったのです。

「働き方」までも支配する巨大IT企業

非熟練労働者の超短期労働としてのギグエコノミーは先進国で強い批判を受けていると述べました。中国でも労働条件は過酷で、頑張りすぎた配達員の交通事故が頻発するといった問題は起きていますが、それでもギグエコノミーへの批判はさほど強くありません。その背景にあるのは、第一に稼げるからです。中国では大卒のホワイトカラー層と非熟練労働者の給与にはもともと大きな格差がありました。ギグエコノミーの隆盛はホワイトカラー層にも副業の機会をもたらしましたが、非熟練労働者に新たな仕事の選択肢を与えて、収入を引き上げる効果をもたらしたわけです。

第二に、もともと中国にはギグエコノミー的な働き方をしている労働者が多かったことが挙げられます。公務員や国有企業の職員を除けば、中国は転職が多く、雇用の流動性が高いのが特徴です。「世界の工場」中国を支えてきた出稼ぎ労働者にしても毎年、旧正月休みが終わると、元の職場に戻ってくるかどうかわからない存在です。休みに地元に戻り、各地で働く仲間たちと会って、おしゃべりがてら情報交換し、もっとも条件のよさそうな場所に行くというのがよくある話だからです。

もっと典型的には、ギグエコノミーそのままの生活をしていた人たちも少なくありません。固定の仕事を持たず、レストランの出前配達、屋台や露店の営業、街の便利屋など、さまざまな形態の仕事で食いつないでいた人々です。彼らは「無業の遊民」と言われ、一説には「中国全土で2億人」いるとも伝えられています。

彼らは口コミなどの情報をもとに、どのような仕事をやるべきかを決めていたわけですが、モバイルインターネットの時代になって、口コミからいわゆるマッチング、すなわちネット上のプラットフォームへと仕事探しの方法が変わりました。仕事内容そのものには大きな変化はないわけですが、仕事の受注の仕方が大きく変わったわけです。

例えば、貨拉拉《フォラーラー》という都市内トラック配送のプラットフォーム企業があります。中国にはトラック1台だけを持った零細引っ越し・運送会社がたくさんありました。かつてはそうした運送業者のチラシが団地の共用通路にびっしりと貼りつけられている光景をよく目にしたものです。こうした広告は「都市のにきび」などのありがたくない名前で呼ばれていたのですが、いまではだいぶ減りました。スマートフォンからの発注、受注に窓口が変わったからです。同様に個人事業の長距離トラックドライバーのプラットフォームである満幇集団《フルトラック・アライアンス》も、500万人を超える登録ドライバーを持つなど急成長しています。

つまり、モバイルインターネットによって新たな仕事が生まれたというよりも、いままでもあった仕事のやり方がより効率的に、より高収入に変わったというのが実像に近いでしょう。となると、ここでもやはり個人データの問題が生じます。インフォーマルな働き方をしていた人々の労働実態、誰が、いつ、どこで、何の仕事をしたか、そのすべてがデータとして吸い上げられているわけですから当然です。

プライバシーと利便性

EC、スーパーアプリを中核としたアプリ群、ギグエコノミー。ここまで中国社会を変えた新たなサービスについて紹介してきました。いずれも中国社会の利便性を大きく向上させたサービスですが、一方で、膨大な個人情報が企業に渡っています。果たして中国の人々はこのことを問題に感じていないのでしょうか。

よく耳にするのが「中国人はプライパシーに鈍感だから、個人情報を吸い上げられるこバシーを無価値だと考えているわけではありません。
とに無頓着なのだ」という意見ですが、これは偏見による誤解でしょう。中国人もプライ

一例を挙げましょう。2017年にはIT企業の奇虎《チーフー》360が運営する「水滴ストリーミング・プラットフォーム」が閉鎖されました。これは、自分が設置した監視カメラの映像を遠隔地から簡単に閲覧できるサービスで、離れた場所に住む親が倒れていないか子どもがチェックする、学校の教室風景を流して保護者がチェックする、オフィスや店舗の状況を経営者が監視するという使い方が多かったのですが、適切なアクセス権限を設定していないユーザーが多く、中国各地の学校、住宅、オフィスの光景を簡単に盗み見できる状況でした。これが世論の批判を浴び、奇虎360はサービス閉鎖を決めました。

また、取材した業界関係者が匿名を条件に教えてくれたエピソードですが、ある高級外食チェーンが顔認証の導入を検討するも、最終的に見送ったといいます。入店時に顔認証を行うことで来店履歴を記録し、「前回注文された料理はこちらですが、もう一度注文されますか？」と店員がリコメンドしたり、「辛さ控えめとの注文があった」記録を確認したりと、より手厚い顧客サービスができるとの算段だったのですが、高級店は商談や密会に使われることが多いため、顔認証を導入すれば顧客の反発が強いと判断して見送りまし

た。

「プライバシーを守りたいか？　守りたくないか？」。そう聞かれれば、すべての中国人が「守りたい」と答えるでしょう。それでも自らの行動すべてが記録されるスマホアプリをはじめ、デジタルエコノミーの導入に積極的なのはなぜでしょうか。次の一言が理由を端的に示しています。

「中国の消費者はプライバシーが保護されるという前提において、企業に個人データの利用を許し、それと引き換えに便利なサービスを得ることに積極的だ」

検索サイト最大手百度《バイドゥ》の創業者である李彦宏《ロビン・リー》が、2018年3月に開催された中国発展ハイレベルフォーラムで行った講演の一節です。個人データを提供することで、多くの便利なサービスが使える。考えてみれば、私たちもグーグルやフェイスブックに多くの情報を提供することで優れたサービスを享受していますが、中国ではさらに多くの情報を渡し、さらに多くの利便性を得るという形で、より積極的な取引が行われているのです。

情報の提供はたんに便利なサービスを使えるようになるだけではありません。企業は料金だけではなく、データというもう1つの「報酬」を得ているため、低価格でサービスを提供することができます。もしデータ取得を厳しく制限してしまえば、それは同時にサービスが使いづらくなり、かつ料金も上がるということにつながります。プライバシーを守ることと、便利さや安さをどうバランスするかという判断を、私たちは求められているということです。

なぜ喜んでデータを差し出すのか

さらに企業にデータを引き渡すこと、それ自体がユーザーにとってのメリットとなるサービスも増えています。アリババグループが展開する信用スコアの芝麻信用は、ユーザーの金融能力を点数で評価します。このとき、ユーザーが提供する情報が多ければ多いほど、情報の信頼性が高まり点数もアップします。例えば保有している住宅や車の証明書を提供すれば、その分だけスコアが上がるのです。スコアが上がれば、さまざまな便利なサービスが使えるほか、融資や分割払いの限度額がアップします。データを渡せばそれだけ多くのメリットがあるのです。

シェアサイクルなどのサービスの利用履歴も、企業に渡すことがメリットとなるケースがあります。自転車を借りてちゃんと返した、しかも交通の邪魔にならないような置き方をしたという記録が残されれば、それは利用者の信用を評価する履歴となります。日本ではＤＶＤを借りて期限通りに返却したとしても特にメリットはありませんが、中国では借りて返したという履歴を企業に引き渡すことで、自らを優良ユーザーとして証明することができるわけです。いろいろなサービスをウィーチャットのミニプログラムを通じて利用すれば、それだけ多くの履歴を一元化することになります。塵《ちり》も積もれば山となるではないですが、日々の履歴が自らの信用を証明するのです。

消費者以上にデータ提供が大きなメリットを持つのが、前述のギグエコノミーでしょう。従来のインフォーマルな働き方では、本当に働いていたのか、どれだけの報酬を得ていたのかを証明することは困難です。履歴に残すことによって、労働者は自らの能力と信用を示すことができます。この点で先進的な取り組みをしているのが先ほど述べた満幇集団、トラックドライバーと荷主のマッチングを手がける企業です。中国では貨物ドライバーの多くが自営業です。彼らはいままで取引所を歩き回ってどの仕事を引き受けるか決めていましたが、満幇集団のサービスを使えばスマホを見るだけで決められます。その代わり、どのドライバーがどんな仕事を請け負っているのか、期限通りに配送できたのかなどの情報がすべて企業側に把握されてしまいます。

満幇集団は把握した情報をもとにドライバーの信用を評価し、融資サービスを行っています。荷物の輸送は成果報酬ですが、ドライバーは先に燃料代や高速道路料金を支払う必要があります。十分なキャッシュを持っていればいいのですが、いつも資金に余裕があるとは限りません。そういうとき、仕事をちゃんとこなしているという信用を元手にお金を借りられるというサービスにはニーズがあります。普通の銀行はトラック運転手の仕事ぶりについて情報を持っていないのでそうした融資はできませんが、満幇集団はそうした情報を熟知しているので、正確に判断できます。

情報を提供する見返りに利便性を得る。ここまでは私たちも日常的に行っていることです。グーグルやフェイスブックなど日本でも使えるITサービスの多くは、私たちからお金ではなくデータという対価を得ることで、無料でサービスを提供しているのです。ですが、新たな時代のデータエコノミーにはその先があります。芝麻信用や満幇集団の事例では企業に情報を提供すること、そのこと自体がユーザーに便益をもたらします。いままでプライバシーとは守ることばかりが注目されてきましたが、プライバシーを提供することが利益につながるサービスは今後増えていくでしょう。

さらに現在の中国では、この動きが民間企業の経済活動のみならず、国営企業、そして政府の行政分野にまで及びつつあります。そこでは、新たなテクノロジーとサービスの下、中国の人々は利便性の代価として、あるいはそれを自ら望む形で、情報を企業や政府に提供しています。このようにデータエコノミーが発展した情報社会は、監視社会と紙一重、いや、ある意味では監視社会そのものと言えるでしょう。

特に今後はＡＩによってデータ活用の範囲が大きく広がると予測されています。効率を上げる一方で、特定の民族や人種、性別の人間の評価が下がるなどのバイアスがＡＩに組み込まれる可能性があり、しかもＡＩの判断がブラックボックス化されているためバイアスの存在が把握できないといった問題や、見た目など個々の人間のコンプレックスに関わる部分などにピンポイントで広告ができるようになるため、意図せざる消費へと誘導されてしまう、またある人間が犯罪を犯す可能性を予見したとしてもその正しさは立証されないまま、繰り返し調査を受けるなどの不適切な待遇につながってしまうなど、数々の課題が指摘されています。

こうした問題に中国はどう向き合っているのか、あるいはそうした問題を見て見ぬふりをしているのか、次章ではその最前線と構造について、掘り下げて見ていきたいと思います。

第3章

中国に出現した「お行儀のいい社会」

急進する行政の電子化

「証明書があれば天下を渡り歩ける。なければ一歩たりとも動けない」

これは2009年に中国で話題になったインターネット上の書き込み、「中国人一生需要多少个証書?」(中国人は一生でどれだけの証明書がいるの?)の一節です。

子どもが産まれる前にまず出産許可証、初婚・初育証、婚検証が必要で、生まれればすぐ出生証、計画生育証、一人っ子父母光栄証を取得……、と人生のスタートから証明書だらけ。一生で必要な証明書を列挙したら80に達したという内容です。

この書き込みは戯画化されたものではありますが、何かをなそうとすれば、あちらこちらの政府部局を走り回り、ハンコや証明書をゲットするという苦労話は中国庶民のあるある話です。

この状況はいま、情報技術によって変わりつつあります。広東《カントン》省深圳市龍崗《りゅうこう》区は、通信機器メーカー・ファーウェイのお膝元ですが、電子政府化の先頭を切っています。2018年10月に開催されたファーウェイの発表会「ファーウェイ・コネクト2018」では、同区の電子政府システムが展示されていました。

その1つが公積《こうせき》金(住宅積立金)申請のシステムです。この申請のために、従来は警察で

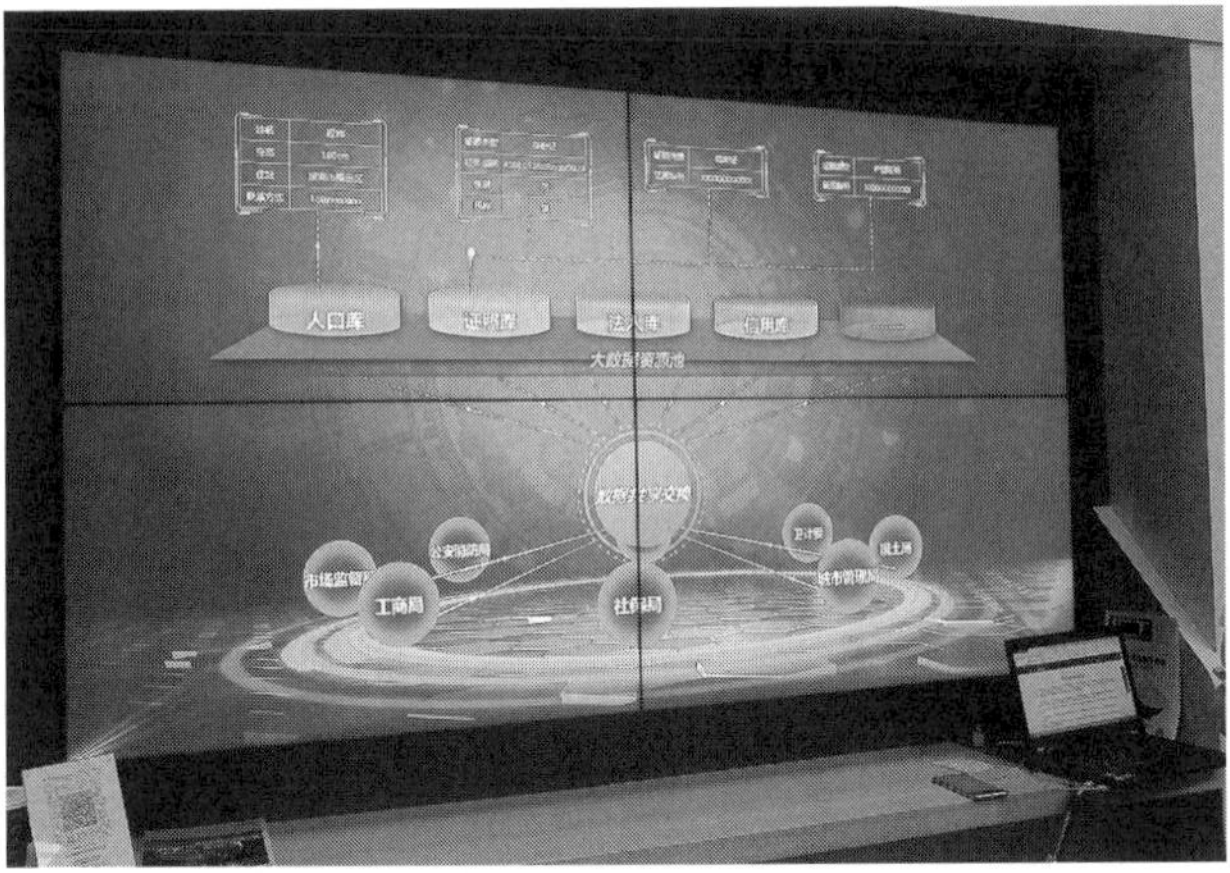

ファーウェイの電子政府システム（筆者撮影）

戸籍証明、銀行で個人信用報告、職場で収入証明、民政局で婚姻状況証明、国土局で家庭住宅証明を取得する必要がありました。各役所を回る順番も決まっているため、効率的なルートや日程を取れずに時間がかかることも多かったそうです。

それが現在ではスマホ・アプリだけですべてが完結するようになったのです。本人証明もスマホで自撮りするだけ。顔認証技術の恩恵です。結果、従来ならば数日がかりだった作業がわずか数分にまで短縮されました。官僚主義の代表的な弊害である縦割り行政を、制度改革ではなく電子化によって乗り越えようというのが「現代中国」らしいやり方です。

また縦割りというと、部局間の縦割りに加え、地方間の縦割りという問題もあります。区ごとに行政組織のシステムやデータベースが違うためです。2015年5月、李克強《りこっきょう》首相は「〝私の母は私の母〟問題を解決せよ」と指示しました。これは同月初頭に新華社が伝えたニュースで、北京市の陳さんが海外旅行に行く際、母親を緊急連絡先に指定したところ、自分の戸籍は北京市、母親の戸籍は江西省と分かれていたため、親子関係を証明できずに困ったという話です。中国行政の融通のきかなさとして世論を騒がす事件となり、首相が解決を指示する事態にまで発展したのです。別の地域からでも証明書を取り寄せ、確認できるデータベースの地域間連携という電子化で解決しようとしています。

ほかにも電子身分証、電子免許証などで、各種証明書をスマートフォンで持ち運べるようにする、テンセントのウィーチャット経由で各種の手続きや情報照会ができるようにするなど、中国行政の電子化は急速に進んでいます。便利になることは間違いないのですが、一方で紙で処理をしていた時代とは異なり、政府が電子情報として細かく国民の一挙手一投足を把握できることには注意が必要です。

質・量ともに進化する監視カメラ

一挙手一投足の把握と言えば、監視カメラを忘れるわけにはいきません。2017年12月、英BBCは中国の監視カメラシステムを取り上げました。2017年末時点で中国全土に1億7000万台もの監視カメラが設置されており、2020年までにはさらに4億台もの監視カメラが追加されると報じています。

近年中国の大都市を訪れた機会があるなら、駅などの公共施設および信号機周辺、さらに商業施設の出入り口などいたるところに多数の監視カメラが無造作に設置され、通行する人々に向けられているのにぎょっとした人も多いでしょう。もちろん、日本だってすでに街中に多くの監視（防犯）カメラが張り巡らされているのですが、日本では人々に威圧感を与えないよう、なるべく目立たない形での設置が好まれるのに対し、中国ではむしろこれ見よがしに「監視しているぞ」と誇示する設置の仕方が多いように思います。

カメラの数だけではなく、画像を認識する技術も急速に進化しています。以下は筆者たちが2018年9月にAIを使って個体認識を行う技術を開発しているハイテク企業、Megvii社（曠視科技）を訪問した際の話です。Megvii社はハイテク企業が集積する北京市の海淀区《かいてい》に2011年に設立され、その後急成長したユニコーン企業（評価額10億ドル以上の

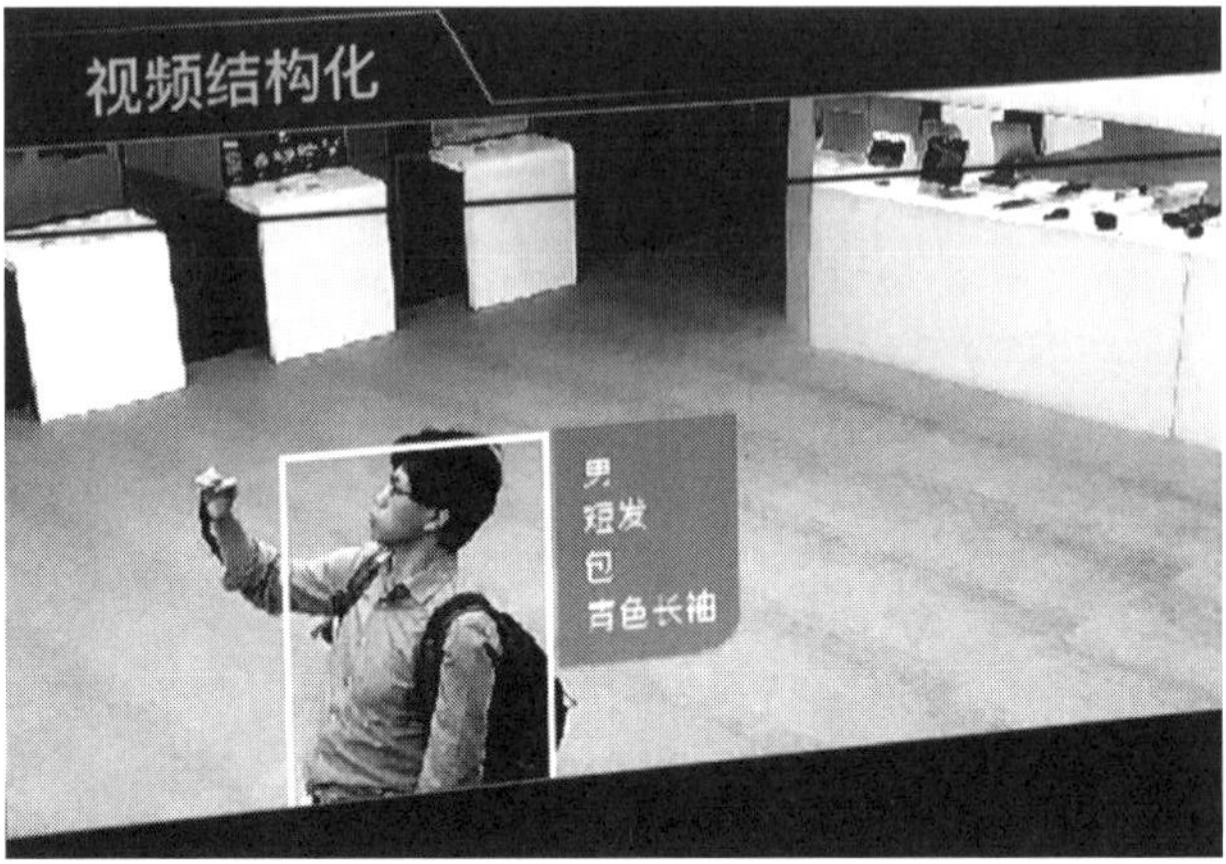

訪問者を認識するMegvii社の監視カメラの映像（筆者撮影）

非上場、設立10年以内のベンチャー企業）です。

同社の強みは、認証、セキュリティ、リテール、スマホロック解除の4分野においてその画像認識技術を積極的に「社会実装」していく力にあります。同社の社員は平均年齢が26歳と非常に若く、清華大学や北京大学などといった名門校の卒業生が非常に多い世代を象徴するエクセレント企業です。

この企業を訪問すると、オフィスに設置された監視カメラが様々な角度から訪問者の姿を捉え、大きなモニターにでかでかと表示されます（写真参照）。これは個人を特定化しているわけではなく、短髪の男性でリュックを背負っている、青い長袖シャツを着ている、などといくつかの特性を写真から抽出しています。膨大な匿名データを、特徴ごとにいくつかのカテゴリーに分類する「セグメント化」を行っているのです。

さらに、ビルの入り口に設置された監視カメラは道行く無数の人たちを四六時中撮影しており、この人は男か女か、何歳ぐらいか、というデータを常に集めています。そうやってできるだけ多くのデータを集め、セグメント化の精度を上げていくわけです。

日本でも見かけることの多くなったAIによる顔認証のテクノロジーは、カメラに映りこんだ人物がどういう人かをアイデンティファイ(固定化)するためのものです。カメラが捉えた人物が男性か女性かといった属性を速やかに判定し、それが犯罪者や指名手配犯であれば、リストと照合して逮捕につなげることもできます。つまり、同じAIを用いた顔認証といっても「匿名性を前提としたセグメント化」と「顕名性に基づいた同定化」という異なるベクトルのものが存在するわけです。

もう1つ重要なものとして、動体認識、すなわち人々の動作をAIが認識してその特徴を記録することに関する技術があります。例えば無人コンビニなどで、人がその中でどのような動きをするかをパターン化してそのデータを保存する。30代の男性がビールを買ったあとにどんなおつまみを買うかなどを全部データとして蓄積していくのです。

あるいは、歩き方の癖を記録してプロファイリングしておき、暗くて顔がよくわからない場合でも監視カメラに映った人物を特定化し、犯罪者の拘束につなげることも可能になります。実際、このMegvii社の画像認識の技術は第7章で取り上げる新疆ウイグル自治区のセキュリティ・システムにも使用されています。例えば広場で独立アピールの旗を振る人物がいたとします。監視カメラは「旗を振る」という動きを認識し、即座に近隣の警官に通報するというシステムが実用化されています。

統治テクノロジーの輝かしい成果

現在、こうしたAIカメラは最低でも2000万台以上が存在します。習近平政権の業績を紹介するCCTVの特番『煌輝中国《こうき》』の第5話「安全のシェア」では、「中国はすでに2000万台以上のAIカメラを擁する、世界最大の監視カメラ網を築いた。この『中国天網』という巨大プロジェクトは市民を守る目だ」と放送しています。

「中国天網」、すなわち天網工程《スカイネット》は都市部にAI化、ネットワーク化した監視カメラ網を構築するプロジェクトです。2015年からは県や鎮、村など田舎にも同様の監視カメラ網を構築する雪亮工程《せつりょうこうてい》もスタートしています。天網工程の2000万台に加え、雪亮工程や民間企業が独自に設置したカメラを加えると、2000万台をはるかに上回る監視カメラが、顔認識、画像認識など動画を判断する能力を持ったものに変わっているわけです。

その成功例とされているのが2017年に深圳市龍崗区で起きた誘拐事件です。同区の監視カメラ網はファーウェイ社によって構築されたものです。事件が起きたあと、警察は誘拐された子どもの特徴を入力して、すぐに子どもと誘拐犯の居場所を特定しました。その結果、子どもは誘拐されてから24時間もたたないうちに親元に帰ることができました。

日本にも監視カメラはありますが、その運用状況は中国とはまったく違います。例えば2019年6月、大阪府吹田《すいた》市の交番で警官が襲撃される事件がありました。警察は容疑者の行方を、監視カメラ映像を頼りに追いましたが、ネットワーク化・AI化されていないため、映像の入手・分析のために各所を駆けずり回る必要がありました。事件から約24時間で容疑者が逮捕されるというスピード解決ではありましたが、前述の深圳の誘拐事件と比べれば、警察が費やした労力は段違いです。警官襲撃という大事件ならば多くの人員が投入されるでしょうが、すべての事件でこれだけの捜査を行うことは難しそうです。

深圳の誘拐事件は、中国人がなぜ監視カメラを容認しているかを示す象徴的な事件です。中国では誘拐は極めて身近な脅威です。2011年には608人が関与した人身売買組織が摘発され、１７８人もの子どもが救出される事件がありました。インターネットでページが削除されたことを示す、いわゆる「404 Not Found」ページがありますが、中国は大半の企業が誘拐された子どもの捜索情報をここに表示しています。いわば社会全体が誘拐された子ども捜しに協力しているわけです。子どもの登下校に大人がついていくのは常識で、「子どもを一人で登校させるなんて日本は大丈夫なのか？」と驚かれるほどです。

テンセントの「404 Not Found」ページ

また日本のオービスのような交通違反を監視するカメラも多数設置されており、いまや中国の交通違反の多くはカメラによって取り締まられています。カメラが多い大都市部では明らかにマナーが向上し、交通違反が減っていることが実感されます。

誘拐犯がすぐ捕まるなど治安が向上する、交通違反が減少する……といったメリットもあるのですが、こういった統治テクノロジーが進んだことによって中国社会はどう変わりつつあるのでしょうか。まず言えるのは、特に大都市を中心に「お行儀のいい社会」になりつつあるということです。

中国社会というと、一時期は非常にアグレッシブで、カオスのようなエネルギーにあふれている社会（悪く言えば決まりがあっても守らないで自分勝手な解釈で行動する社会）というのが一般的なイメージだったように思いますが、そういった姿は変わりつつあります。

以前に中国を訪問した経験のある人が、現在の大都市を訪問すると如実にその変化を感じるでしょう。例えば、『人民日報』は、２０１７年に中国では人口10万人あたりの殺人件数が０・81件しかない、殺人発生件数の最も低い国の１つになったと報じています。あるいは暴行罪の件数は２０１２年より51・８％減少し、重大交通事故の発生率は43・８％減少。社会治安に対する人々の満足度は、２０１２年の87・55％から２０１７年の95・55％に上昇した、と（『人民網日本語版』２０１８年1月25日）。

言うまでもなく『人民日報』は中国共産党の機関紙ですから、プロパガンダの一種ではあるのですが、あながち嘘でもないと思います。殺人だとか暴力的な犯罪が劇的に減っている、いたるところに監視カメラが仕掛けられているので、落し物をネコババされることがなくなり、貴重品を落としても見つかるようになった、という声を在中日本人の実感として聞く機会も増えてきました。

監視カメラと香港デモ

こういった中国社会における監視カメラの設置に対し、明確な拒否反応を示しているのは、むしろ香港の人びとかもしれません。

2019年6月9日、香港の林鄭月娥《キャリー・ラム》行政長官が議会に提出した、容疑者を裁判を行うために中国本土に引き渡すことを可能にする「逃亡犯条例」改正案に強く反対する市民や学生約100万人がデモを行いました。同12日にはデモ隊の一部と警官隊との間に激しい衝突が生じ、警官隊が催涙弾やゴム弾を用いた実力行使による排除を行うと、16日には香港中心部は反発を強めた200万人近くの市民により埋め尽くされました。

これを受けて林鄭行政長官は法案の審議を無期限で延長し、法案は事実上の廃案になるとの見解を示しました。しかしそれに納得しない若者たちは立法会に乱入するなどの反対運動を繰り返し、その後も不安定な状況が続いています(2019年7月13日現在)。

一連のデモの中で目を引いたのは、参加者、特に若者たちのいでたちでした。揃いの黒いシャツにマスク、ゴーグル、ヘルメットなどを着用して顔を隠す参加者が目立ったのです。さらには、デモに参加する際にはスマートフォンの位置情報をオフにしたり、SNSのメッセージをこまめに削除したり、さらに地下鉄に乗る際にも記録が残るプリペイドカードではなく現金で切符を買ったりするなど、「記録が残る」テクノロジーをあえて使わない「デジタル断ち」と呼ばれる行動が目立ちました。

これは、催涙弾から身を守り、当局にデモへの参加を把握されることを警戒するとともに、中国大陸なみの、顔認証などのＡＩ技術を駆使した監視システムがいつか香港に導入され、行動の自由を奪われるかもしれないことへの若者たちの抗議の気持ちを表現したものだ、という指摘もなされています。

「社会信用システム」とは何か

さて、こうした統治テクノロジーの延長にあり、おそらくその本丸を担っていると考えられるのが「社会信用システム」でしょう。２０１４年公布の「社会信用システム建設計画綱要（２０１４―２０２０）」には、２０２０年までに政府は中国全土にどのような制度を導入するのか、という全体像が記されています。

この文書については、第１章で触れたように、日本でもたびたびディストピア中国の象徴として取り上げられるようになりましたが、正確に解説した記事はほとんどありません。というのも、社会信用システムがカバーする分野が極めて多岐にわたっており、正確に理解することが難しいからです。

社会信用システムの原語は「社会信用体系」です。コンピュータなどに使う「システム」には「系統」という別の中国語があります。ここで言う「体系」とは全体的な構造を意味する言葉であり、社会信用システムとは、1つのプログラムではなく、関連するいくつものプログラムの総体という意味を持ちます。社会信用システムという言葉が定着しているため、本書でもこの訳語を利用しますが、本来ならば社会信用体系、または社会信用体制という訳がより適切でしょう。

また社会信用システムが注目されるようになったのはごく最近ですが、その構築作業ははるか昔から続いています。例えば、政府が最初にこのシステムについて公的に言及したのは２００３年です。中国が一歩ずつ進めてきた過程を理解しなければ、現状を理解することはできません。

もう1つ、理解を難しくしているのが「信用」という言葉の多義性です。日本語、中国語ともに信用という言葉には大きく3つの意味があります。「特定の誰か、何かを信用すること」、すなわち1対1の関係での信用。「世間から認められている」という意味での信用。そして信用給付など、融資や金融で使われる信用の3種類です。社会信用システムはこの3つの意味をすべて別個のプログラムで対応しています。

従来の報道は社会信用システムの多義性にはほとんど目を向けてきませんでした。「権力対市民」という構図で捉えようとしたためでしょうが、現状の社会信用システムは「ビジネスの相手が信用できるか?」「悪辣《あくらつ》な行為をした人間を周囲に知らしめて警告する」「金融を利用できる人を増やす」など、ビジネスの円滑化に主眼が置かれています。

本書では、内容的にも時間的にも膨大な社会信用システムのすべてを紹介することはできませんので、機能面から「金融」「懲戒」「道徳」という、大きく3つの役割に注目して説明していくことにします。

取り組みが早かった「金融」分野

まず「金融」の分野は社会信用システムの中でも、最も早く取り組みが進んだ分野です。経済成長のために、企業や消費者がキャッシュだけではなく、信用供与、すなわちお金を借りることによって支出を拡大することが欠かせなかったからです。

融資のために必要な仕組みが信用評価です。ある個人にお金を貸した時、返済しない確率がどれだけあるのかを把握する必要があります。三菱UFJ銀行『中国経済週報』第3

88期によると、全国レベルでの信用評価機関の構築は、2003年の人民銀行信用調査管理局の設立が嚆矢《こうし》で、翌年には中国人民銀行個人信用情報データベースの運用が始まりました。データベースは個人のクレジットヒストリー（融資やレンタルサービスの利用履歴）を収集し、金融機関の融資審査に提供するものです。ただし、ここで中国政府は大きな課題に直面します。それは融資の利用履歴などがまったく存在しない人が大多数を占めるため、広範にはサービスを提供できないという点です。

この状況に風穴を開けようとして登場したのが民間企業が提供する「信用スコア」でした。信用スコアとは信用評価の手法の一種です。代表的なサービスは米国の「FICOスコア」。通常の与信審査では融資の都度、信用情報をチェックして判断するのに対し、信用スコアは事前に借り手の返済能力を点数の形で評価しておきます。

信用スコアは日本ではあまり一般的ではないので、「自分の『信用』を点数化されるなんて、なんかいやだ」と反感を持つ人もいますが、合理的な側面も多々あります。特に筆者（高口）のようなフリージャーナリスト、つまり自営業者にとってはありがたい仕組みです。自営業者は一般のサラリーマンと比べて信用が低く、かなり年収があってもクレジットカードの審査に落ちると言われています。日本の信用評価では申し込んでみるまでは審査を通るかは不明で、しかも審査に落ちると不許可の履歴が残り、自分の金融的信用に傷がつくことになります。それと比べれば、最初から申込みが通るのか通らないのか、点数で一目瞭然の信用スコアのほうが「安心」です。

先進国では個人信用情報データベースは、複数の民間企業が運営しているケースが大半です。中国もそれにならい、2015年に民間企業8社に設立準備の許可を出しました。そのうちの1つがIT企業大手アリババグループであり、同社が展開したユニークな信用スコア・サービスが前出の「芝麻信用」です。

米国の信用スコアの1つに「FICOスコアXD」があります。クレジットカードを持っていない人にもスコアを与える目的でつくられたもので、携帯電話料金や公共料金の支払い履歴などにもとづいて信用を評価する仕組みです。

芝麻信用はFICOスコアXDをお手本としてつくられました。ネットショッピング、モバイル決済、ネットの人間関係、保有資産、学歴などクレジットヒストリー以外のデータをもとに、AIがスコアを算出する仕組みです。筆者の取材に対し、芝麻信用の広報担当者は「学生や農民など、これまで金融サービスを享受できなかった人もカバーするのが狙い」だと話しています。

いかにして社会的弱者にクレジットヒストリーを与えるかは中国以外でも共通の課題です。『ニューズウィーク日本版』２０１９年4月23日号の特集「世界を変える　ブロックチェーン起業」では、南米や東南アジア、東アフリカの農村住民にクレジットヒストリーを与えることを目的とした、スイスのベンチャー企業ビットルーメンズ社を紹介しています。住民は月賦で太陽光発電システムを購入し、売電で得た利益から返済します。月賦の返済によってクレジットヒストリーをつくり、銀行から融資を受けられる道をつくるというものです。ビットルーメンズと芝麻信用は同じ社会的課題に対し、異なるアプローチで解決を摸索しているのです。

「金融」分野に関する政府の思惑

２０１５年に設立準備を認められた、芝麻信用を含む8社は、最終的には個人信用審査機関としての正式な認可を得られず、金融機関向けの融資審査サービスは提供できなくなりました。どの企業も客観的かつ公正なサービスをつくれなかったため認可できなかった、というのが政府の公式見解です。

しかし、実際にはこれまで中央銀行が独占してきた個人信用情報の管理を民間に手渡したくなかったのではと勘ぐる人も少なくありません。社会信用システム構築計画の初期から、信用情報の評価を民間に開放することは計画済みだったのですが、中国政府の社会主義的な性格がここにきて表に出たということでしょうか。

そうとは言えないと筆者は考えています。というのも芝麻信用などのサービスはシステム構築から完全に排除されたわけではないからです。2018年には、設立準備の認可を得た8社と中国インターネット金融協会が共同出資して「百行征信《バイハンジャンシン》」（信聯）という個人信用情報機関が設立されました。クレジットヒストリーを活用した信用評価は従来通り中央銀行の個人信用情報データベースが担当し、それがカバーできない層、すなわち融資履歴を持たない、芝麻信用がターゲットとした層については百行征信が担当するという住み分けです。具体的な運用については明らかになっていませんが、各社の収集した情報を統合して評価するものになる計画です。

インターネットの世界ではネットワーク外部性、すなわちみんなが使っていることが利便性を高める効果をもたらすため、トップ1社の総取りになりやすい構造があります。検索のグーグル、ＳＮＳのフェイスブックなどが代表格です。複数の企業を併存させても、最終的には競争が働かず、一強が生まれてしまいかねません。中国でも、ユーザーの情報収集という面から見ると、二強であるアリババグループとテンセントが突出しています。

８社を認可したとしても、実際にはアリババグループの芝麻信用とテンセントの「騰《タン》訊《シュン》征信《ジャンシン》」の一騎打ちとなるでしょうし、あるいはＥＣではアリババが、ＳＮＳではテンセントが覇権をとったように、個人信用評価の分野ではどちらかが圧倒的シェアを握る可能性もあります。こうした事態を避けるために、民間企業各社の協業を促す合弁会社を設立したと見ています。

トークンエコノミーと信用スコア

なお、個人情報審査機関としての認可は得られませんでしたが、芝麻信用をはじめとする信用スコアは個別の金融サービスの判断材料に活用することができるほか、融資以外の分野での信用調査などにも積極的に活用されています。

２０１９年７月に江蘇省蘇州《そしゅう》市、山東省威海《いかい》市で取材を行ったのですが、芝麻信用のユーザーは異口同音に「芝麻信用のスコアはちゃんとした人間かどうかを示すもの」と答えました。モバイルインターネットをよく使う都市中産層ならば、違法行為や規約違反を犯さない限りは６００点台後半以上のスコアは獲得でき、シェアサイクルやシェアバッテリーのデポジット無料など、用意されている優遇サービスの大半は享受できます。そのため、スコアで差別的な待遇を感じたことはないと言います。まっとうにルールを守っている人間ならば必要十分なスコアは得られる、極端に問題のある人間だけをはじくシステムだと言うのです。

まっとうに生きているだけで評価される、こうした信用システムの構想は中国だけではありません。世界的に注目を集めたのがトークンエコノミーです。ビットコインを中心とした暗号通貨が人気となったあと、中核技術であるブロックチェーンをほかに生かす方法が模索されました。その1つがトークンエコノミーで、エコに配慮した行動をした人やボランティアの参加者にトークン(暗号通貨)を配布することで、人々によき行動をするようインセンティブを与えるというサービスがいくつも構想されました。

トークンエコノミーと比較したとき、芝麻信用などの信用スコアが異なっているのは、このスコアが「なぜ上がったり下がったりするのか」がよくわからないという点です。例えば芝麻信用は利用する際にSNSを通じた交友関係とか学歴なども入力することになっていますが、どの程度重みづけされてスコアが計算されるのかは公表されていません。例えば、筆者(梶谷)が2018年の夏に北京に行く前には、自分の芝麻信用のスコアは57

7点だったのですが、3週間滞在し、いろんなサービスを使っているうちに1点上がって578点になりました。しかし、なぜ上がったのかはさっぱりわからないのです。

こういった、「よくわからないシステム」によって行動が評価されて、それが何らかの形で自分に利害を及ぼすようになる。つまり、再帰的な行動評価のシステムがブラックボックスになっていると、人々はいわゆる「自発的な服従」と言われる行動をとるようになってきます。つまり、おとなしく従っていたほうがより恩恵を得られるので、みんな自発的に従うという状況が生じているわけです。

筆者（梶谷）の芝麻信用の画面

「失信被執行人リスト」に載るとどうなるか

この仕組みをもっとわかりやすく、あからさまに実施しているのが2つ目の「懲戒」分野での社会信用システムでしょう。金融分野の個人情報の収集が進むにつれて、さまざまな分野で問題のある企業、個人のブラックリストの作成と、その公開が進められたのです。

脱税や規則違反、環境汚染企業のブラックリスト、旅行先で問題を起こした個人のブラックリストなど、各省庁、部局が大量のブラックリストを制定しています。

これらのブラックリストは個別のものでしたが、2014年以降は複数のブラックリストを連結し、一括検索できるデータベースの構築が始まりました。特に重要な動きは「信用コード」の制定です。中国におけるすべての企業、個人に信用コードが付与されたのです。これは戸籍制度と結びついた身分証に次ぐ、いわば第二のIDと言ってもいいでしょう。「信用中国」という公式サイトからこの信用コードを使って検索すると、それぞれの企業、個人の信用記録を一覧できます。

「社会信用システム計画綱要」には記載されていないのですが、懲戒機能という面で補完的な役割を果たしているのが「失信被執行人リスト」です。日本メディアも2000万人を超える人々（ただし、のべ人数ですが）が航空機や列車の利用を制限されているなど大きく報じていますが、それはこの制度によって懲戒を受けたためです。

失信被執行人リストにはどのような人が登録されるのでしょうか。「最高人民法院公告2017年7号」によると、次のように定められています。

1：履行能力があるのに、有効な法律文書で確定した義務を履行しなかったもの
2：証拠の偽造、暴力、威嚇などの方法で執行を妨害、拒否したもの
3：虚偽の訴訟、虚偽の仲裁、あるいは財産の隠匿、移転などによって法の執行を回避したもの
4：財産報告制度に違反したもの
5：消費制限令に違反したもの
6：正統な理由なく協議の履行、執行に違反したもの

4、5は共産党幹部や国有企業関係者の党紀違反を罰するものなので、一般の国民が対象となるのは残りの項目です。ほとんどのケースは裁判で確定した賠償などの義務を履行しなかった場合にリストに登録されます。取引先に代金を支払わなかった企業の代表者から、離婚裁判で子どもを毎月、前夫に会わせると約束したのに従わなかったケースまでさまざまです。

2019年5月、「格闘狂人・徐暁冬《じょぎょうとう》が失信被執行人リスト掲載」というニュースが中国メディアをにぎわせました。徐暁冬は総合格闘技の選手で、伝統的な中国武術の達人た

失信被執行人リストのウェブ画面

ちはニセモノばかりだと批判。実際に試合を行ってはたたきのめすという派手なパフォーマンスで一躍有名人となりました。しかし、徐は自らのネット番組で、太極拳の達人・陳《ちん》小旺《しょうおう》を「嘘つき」「犬ころ」呼ばわりしたことで、名誉毀損《きそん》で訴えられて敗訴。裁判所は賠償金と公開謝罪を命じましたが、徐は賠償金は支払ったものの、公開謝罪をしませんでした。そこで陳が判決不履行を申し立てて、失信被執行人リストに掲載されたのです。「高速鉄道に乗れなくなったから、鈍行で移動するしかない」と徐は嘆いていますが、それでも公開謝罪はしたくないそうです。

　また中国を代表するＩＴ企業百度の創業者である李彦宏も、２０１９年４月末にリスト登録の申請がなされました。作家・陳平《ちんへい》の著書の一部が許可を得ずして百度のサービスに使われたとして裁判があり、裁判所は謝罪と賠償金の支払いを命じました。その判決を履行しなかったとして、陳はリスト登録を申請したとのことです。陳の申し立てに対し、百度側は根拠がないと反論していますが、本書執筆時点でまだ結果は判明していません。

「ハエの数は2匹を超えてはならない」

失信被執行人リストには「老頼《ラオライ》」という通称があります。老頼とは「言い逃ればかりして実行しない人」の意味です。裁判判決をちゃんと実行しない人をリスト化し、罰を与えて実行するよう促すわけです。

では、具体的にどのような罰が与えられるのでしょうか。2017年に改定された「失信被執行人の合同懲戒に関する協力覚書」では、55項目が規定されています。その中には飛行機、列車の1等寝台、船舶の2等船室以上に乗れないとか、1つ星以上のホテルやナイトクラブ、ゴルフ場での消費禁止や、学費が高額な私立学校に子どもを通わせることを禁止という項目があります。他にも証券会社の設立禁止や、政府サイトやメディアでの実名公開、人民元を外貨に替える際の審査厳格化……など、やたらと広範かつ多様な項目が盛り込まれています。

というのも、この覚書は中国共産党の党機関、省庁、中国鉄路総公司などの国有企業など44もの部局が合同で発表したもので、それぞれが「自分たちができる罰を考えてみました」というノリで、懲戒規定を盛り込んだためです。高速鉄道や航空券の販売サイトはすでにリストのデータベースとの接続を終えており、掲載者への販売をブロックすることができますが、ナイトクラブやゴルフ場との連携はまだで、リスト掲載者でも自由に使えるようです。結局、多くの項目は規定をつくっただけで稼働していないのが現状です。

中国は世界最古の官僚制国家であり、また同時に社会主義国でもありますので、官僚主義的な法規制を乱発する、2大要件が重なっています。そのため実現性が皆無な法律、規制がつくられることがままあります。その中にはあまりの荒唐無稽さに笑えるものも少なくありません。2012年には北京市が公衆トイレ管理サービス基準なる文書を発表しましたが、その中に「公衆トイレ内におけるハエの数は2匹を超えてはならない」という項目があり、話題となりました。検査時にたまたまハエが飛んできたらアウトになるのか、などと中国のネットユーザーから笑いものにされたのですが、北京市政府の担当者はともかく基準をつくらなければならなかったので無理やりひねり出したのでしょう。

失信被執行人を対象とした処罰でも実効性がないものが多く含まれています。今後洗練されていき、実効性を高めていくことになるのでしょうが、現時点では膨大な処罰規定のほとんどが稼働していない状況です。

問題を多くはらんだ処罰規定ですが、その目的意識ははっきりとしています。それは「裁判判決を守らない者を生きづらくする」ということです。「失信者寸歩難行」（信用を失った者は一歩も歩けない）という言葉で表現されるのですが、生活のさまざまな場面で支障がでて生きづらくさせることを目的としているわけです。

「厳しい処罰」ではなく「緩やかな処罰」

ここでポイントとなるのが、あくまでもその罰が「緩やかな処罰」であるということです。前述の徐の場合、高速鉄道には乗れませんが、我慢して普通列車で移動することは可能です。移動禁止のような「厳しい処罰」ではなく、移動はできるが時間がかかるし大変だという形で「緩やかな処罰」が加えられているのです。

より強力に処罰しようと思えば、強制執行という手段もあります。また、刑事罰ならば問答無用で執行されます。しかし、そこまで厳しい姿勢で臨む必要がないものに対しては、もう少しマイルドな処罰で圧力をかけましょうという発想なのです。

これは後述の「ナッジ」、すなわち強制的な義務ではなく望ましい行動を取るように制度設計をしたり促したりすることと同じ仕組みと考えていいでしょう。重大な事件であれば、強制執行を行えばいいのですが、そうではなく謝罪をさせる、あるいは小額の賠償金を支払わせるといった、資金的にも時間的にも多額のリソースを費やすのが難しい場合に使う手段なのです。

この失信被執行人制度を知ったとき、ひろゆき（西村博之）氏のエピソードを想起しました。ひろゆき氏はネット掲示板「2ちゃんねる」（現在は運営者が替わり、5ちゃんねるという名称に変わっている）の創設者ですが、ネット掲示板の書き込みの削除をめぐり多数の告訴を受けました。敗訴して損害賠償を命じられても一切支払いをしていないと公言しています。

この場合、債権者は強制執行の申し立てができますが、差し押さえるべき財産は債権者が自力で捜し出す必要があります。これには大変な労力が必要ですし、財産が見つからない、あるいは本人が財産を持っていない場合に強制執行は不可能です。

つまり、裁判で勝っても、それで終わりとはいかないことが多いわけです。中国の状況は日本以上に深刻で、金の支払いをめぐる拉致や軟禁といった事件が多発しています。大変な時間と労力をかけて裁判に勝っても、金を取り戻せるかわからない。だったら実力行使で身柄を押さえて、金を取り戻すまで軟禁しようというわけです。

近代社会なのだから法を守りましょう、裁判でやりましょうといっても、実効性がある仕組みがなければ、人々は従いません。失信被執行人リストの作成と公開にはこうした背景があるわけです。

紙の上だけのディストピアか

そして、社会信用システムの3番目の機能が「道徳」です。親孝行をしましょう、約束は守りましょう、公共の場で騒がないようにしましょう……などなど、さまざまな面で道徳をいかに守らせるかという「パターナリズム（温情主義）」の実践が、ここでは課題となっています。

初期の社会信用システムでは、テレビやラジオ、さらに壁新聞といった伝統的メディアを使った啓蒙活動から始まりました。ほかにも士業や教師、医師、研究者など専門家向けの職業道徳を学ぶための研修も教育活動の一環です。前述の「社会信用システム建設計画綱要」には「信用遵守行為の表彰と宣伝を強化する。規定に従う誠信企業と模範的個人を表彰し、ニュース媒体を通じて広く宣伝し、信用遵守は素晴らしいとの世論の空気をつくり出す」とあります。

こうした啓蒙活動がどれほどの効果をもたらすのかは定かではありません。ただし、金融における社会信用システムは十分に使える制度が完成しましたし、懲戒では十分なレベルとは言えなくとも、信用コードによるデータベース接続や失信被執行人リストという制度が稼働しています。いわば「道徳」の分野が残された最大の課題なのです。

そこで注目されるのが、地方自治体による信用スコアの提供です。これは、個人の道徳をスコアで示し、点数を上げれば特典が得られる。住民は自ら良き行動をして道徳的になろうと努力するという構想です。「中国政府は一般市民の道徳水準までスコア化しようというのか?」と世界のメディアを驚かせ、注目を集めている最新トピックです。

中国国務院弁公庁《こくむいんべんこうちょう》は2016年12月、「個人誠信《せいしん》システム建設強化に関する指導意見」という通達を交付しました。「誠信という伝統的美徳を発揚させ、社会構成員の誠信意識を増強、個人誠信システム建設を強化、そのために誠信を称揚し失信を懲戒することで、全社会の信用レベルを引き上げ、優良な信用環境をつくり出す」ことを目的とした通達です。

ほとんどは既存の通達と重複する内容ですが、注目に値する文言があります。「個人公共信用情報にもとづく分類管理の構築と誠信ポイント管理メカニズムを摸索する。条件の整った地域と業界は、個人公共信用情報と金融信用情報基礎データベースの共有関係をつくり上げ、個人信用調査機関にサービスを提供するべきである」という短い一文です。

誠信ポイント管理メカニズム、つまり地方自治体や業界団体に個人信用スコアの整備にトライするよう促した、初めての公文書となります。芝麻信用はあくまで個人の返済能力を点数として評価するものにすぎませんでしたが、ここに個人の「道徳」を地方自治体がスコア化する、ディストピア小説のような仕組みを、中国政府が整備する可能性を初めて示したのです。

地方自治体による住民の道徳的信用スコアの導入には先駆的事例があります。江蘇省徐州市睢《すい》寧《ねい》県は、２０１０年に「大衆信用管理試行弁法」を施行し、14歳以上の全市民に対するスコアリングサービスを導入しました。

・銀行融資返済の滞納記録がなければプラス50点。
・滞納1回でマイナス30点、2回以上でマイナス50点。

・納税記録があればプラス50点、脱税でマイナス50点。
・社会保険をちゃんと支払えば35点。故意の未払いでマイナス20点。
・社会秩序を破壊した記録がなければプラス50点、政府機関や企業を包囲した記録があればマイナス50点。
・邪教の活動に参加した記録がなければプラス50点。あればマイナス50点。
・家庭内暴力や老人の扶養義務の放棄がなければ50点。あればマイナス50点。

このほかにも膨大なチェック項目があります。満点、つまり一切の違反がないと1000点になります。970点以上はA級。850点以上はB級。600点以上はC級。それ以下はD級と区分されます。A級の市民は入学、雇用、生活保護、社会保障、共産党入党、昇進、軍への応募、企業に対する政策支援などで優遇措置が得られ、低ければ上述の項目についての資格が取り消されたり、審査が厳しくなったりするという賞罰規定も盛り込まれました。

これぞまさにディストピアという内容ですが、かなり粗雑なディストピアでもありました。まず、制度の法的根拠が皆無でした。そのため2010年当時、中国世論は睢寧県を激しく批判しました。国民ばかりか、人民日報など政府系メディアまでもが批判の側に回り、ついには一部規定の撤回に追い込まれています。

法的根拠以上にお粗末だったのが運用面です。システムをスムーズに運用するためには、各部局間のデータ連携が必要です。また社会生活のさまざまな場面で市民の信用点数をチェックする体制を構築しなければなりませんが、そうした実務は運用されず、いわば「紙の上だけのディストピア」で終わってしまったのです。現地住民を取材した中国報道によると、ほぼ運用されておらず、住民のほとんどは制度の存在すら知りませんでした。

道徳的信用スコアの実態

このように当時は大失敗に終わった地方政府による住民の信用スコアですが、2017年から新たに複数の都市が採用、または導入を発表しています。中国経済誌『財新』2019年4月1日号の特集「全国各地に広がる社会信用スコア、誰が濫用し誰が被害を受けるのか?」によると、約20都市での導入が確認されています。首都・北京市も2020年までの導入を表明しています。

各都市の道徳的社会信用スコアはそれぞれまったく異なる内容です。2017年に「社会信用システム建設モデル都市第1回リスト」が発表され、12都市が選定されました。これらの都市の多くで現在、道徳的信用スコアの運用が始まっています。

中でももっとも進んでいると評価されているのが、山東省威海市栄成《えいせい》市です。県級市と呼ばれる県(市の1つ下の行政区)扱いの市で、市級市である威海市に所属しています。山東半島の西端にある地方都市ながら、自動車部品の製造や造船、観光業などの産業が強く、2018年には「全国総合実力百強県」に選ばれた経済力のある街です。

筆者(高口)は2019年7月に同地を訪問しました。広い道路が印象的で、追い越しや路駐をする車がまったくいません。案内をしてくれたガイドによると、「交通違反は監視カメラですぐに見つかります。スピード違反をすると、次の交差点で警官が待っているといった次第です。だから違反はほとんどなくなりました」とのこと。また同市のビーチに案内してもらったのですが、白いきれいな砂浜が広がっています。ゴミで汚れないよう、バーベキューや火を使う屋台は禁止になったことが大きいと言います。こちらも監視カメラで違反者はすぐに摘発されます。

栄成市の信用スコアは基準点が1000点。違反を起こせば減点、よいことをすれば加点されます。1000点はB級という位置づけですが、違反によって信用スコアが下がるとC級に転落します。そうすると、暖房補助金や交通費補助金など各種の申請ができなくなるという制限がかかります。逆に高得点だと、融資が受けやすくなる、金利が下がるなどの特典があります。道徳的信用スコアが高い住民にこれまで累計で1億5000万元（約24億円）が融資されたそうです。また個人だけではなく、企業を対象とした信用スコアもあり、AAA級という最高評価を得た企業16社に2億2000万元（約35億円）が融資されました。

こう聞くと息苦しいようにも思いますが、その一方で「市民のための」サービスが極めて充実しています。ビーチはシャワーやロッカーの利用料が無料。市内各所の駐車場も無料です。バスはすべてGPSで位置を特定されているため、バス停には次のバスが到着する正確な時間がスクリーンに表示されています。きわめつけは市民サービスセンターです。前述のとおり、中国では証明書取得のために走り回らなければならないのが庶民の悩みのタネですが、栄成市では市民サービスセンターにすべての部局の出先機関が集中しているため、すべての手続きが一回出向くだけで終わります。電子政府化による各部局間の連携も緊密です。

しかも「栄成市の公務員はともかく態度がいいんです。悪い態度を取ったらすぐに市民に通報されて、公務員の信用履歴が傷つくことになるんです」とガイドは言います。つまり、栄成市は公共サービスが充実し、行政手続きも楽になった。その一方で息苦しさを覚えるような監視社会でもあるわけです。電子政府化の徹底により市民の利便性を向上させることと、どこか息苦しい監視社会であることは一体のものとして存在しています。

市政府の取り組みを住民はどう受け止めているのでしょうか。尋ねたところ、信用に関する政策に力を入れていることは知っていましたが、道徳的信用スコアについては1人をのぞいて誰も知りませんでした。現時点のスコアを調べてもらいましたが、みな1000点。減点も加点もされていない状況です。スコアについて説明した上で改めて感想を聞きましたが、「いや、便利になるんだからいいんじゃない」「悪いことをしなければ、特に問題は起きないので」「なんかの手違いで信用スコアが傷つくのはちょっと心配です。だから冬は雪かきボランティアに参加して、スコアをあげておくんです」など、悪い評価はできません。便利ならばいい、普通に生きている自分には関係ないという答えです。

栄成市が強力に社会信用システム、道徳的信用スコアを推進するのには、同地なりの理由もあるようです。栄成市では新農村建設と呼ばれる農村改造事業が進んでいます。市近隣にある古い農村住宅をマンションに建て替えるものです。いままでぼろぼろの平屋に住んでいた農民が17階建ての高層マンションに引っ越すことになります。市内各所にはそうしたマンションが数多く見られます。中国政府は穀物生産量を維持するために耕地面積の基準を定めています。農地に好き放題、マンションを建てることは許されていません。そこで古い農村住宅をマンションにまとめることで新たな土地をつくり、その面積の分を工業団地やマンションにするという都市開発が進んでいます。

このとき、問題となるのが農民たちの暮らしです。いままでは庭でニワトリや豚を飼っていたようなのどかな暮らしをしていた人たちが、顔認証ゲートがついた高層マンションに引っ越すのですから、生活は激変します。そうした人々を誘導するような項目が、栄成市の道徳的信用スコアには数多く組み込まれています。

「道路で穀物を乾かしたらマイナス5点」
「紙銭《しせん》（死者を弔うために燃やす、紙でつくられた葬具用のお札）や広告をばらまいたらマイナス5点」
「お墓参りで紙銭を燃やしたり爆竹を鳴らしたりすればマイナス20点」
「新たにつくった墓の面積と深さが基準を超えていたらマイナス１００点」

「派手すぎる結婚式はマイナス10点」
「栄成市を飛び越えて上級自治体に陳情したらマイナス10点」

このように農村の習慣が都市のルールと衝突するような項目が数多く並んでいます。啓蒙、宣伝というお説教ではなく、また警察による監視でもなく、道徳的信用スコアという誘導によって、農民たちに新たな暮らしのルールを学んでもらおうというわけです。

現時点ではメリットゼロ

栄成市と同時期に江蘇省蘇州市も訪問しました。この街では「桂花分《クイファフォン》」という道徳的信用スコアをリリースしています。栄成市と同様、取材した人は誰もその存在を知らず、スコアも基礎点である100点のままでした。

蘇州市公共信用情報サービスホールの職員に話を聞いたところ、昨年始まった桂花分ですが、ほとんど機能していないのが実情だそうです。現時点では減点項目はなし。交通違反などは罰金と違反切符という罰則がすでにあるため、信用スコアを減点すれば、1つの罪で二重の罰を与えることはできないという法の原則を犯すという判断です。加点では道徳模範などに表彰される、ボランティアを行う、献血をするという項目がありますが、表彰される個人はごく少数。ボランティアもごく一部の指定されたプロジェクトに限られるため対象者はほぼいません。結局のところ、加点はほとんど献血によって行われているそうです。最初の献血でプラス6点。その後回数ごとに1点ずつ増えるそうです。「現時点では献血記録とほとんど変わりません」と職員も苦笑いしていました。2018年9月の蘇州日報の報道によると、同市の信用スコアでは全住民の12・5％しか加点を持たない状況でした。蘇州市ではその時点では減点項目がなく加点の項目しかありません。つまり裏返せば、87・5％の住民は基礎点から一切変更がなかったということです。

しかも特典にもまったく魅力がありません。図書館の貸出期限が延びる、バス代が安くなるという特典がありますが、市民なら誰でも発行できる市民カードでも同様の恩恵が受けられます。結局のところ、現時点で信用スコアを高めるメリットはゼロなのです。

道徳的信用スコアを導入しているほかの都市についても、現実的な意味を持っている都市は栄成市ぐらいのようです。世界が注目し騒いでいる地方政府による点数づけ、道徳的信用スコアは現時点では「紙の上のディストピア」にすぎません。

ただし、いつまでも紙の上のままかどうかについては未知数です。蘇州市公共信用情報サービスホールの職員によると、企業向けの信用情報についてはすでに実質的に稼働しているとのこと。環境基準や衛生基準を守ったか、正しく納税しているかなどの情報を総合して企業評価を行うシステムが動き出しているそうです。これまでの銀行融資は売り上げや利益、事業計画にもとづいて判断されてきましたが、さらに市政府が提供するさまざまな信用情報を判断材料にすることで、信用を守る企業が融資を受けやすくするという触れ込みです。

企業向けのシステム構築が一段落してから、個人向けに力を入れるという展開は考えられます。睢寧県の失敗が示すとおり、個人に関する信用情報を統合し、道徳的行動を取らせるに足るインセンティブを設計することは容易ではありません。その意味では、道徳的社会信用スコアが普及するのかは疑わしく思えます。一方で統治者には魅力的に映っていることは事実のようです。その好例とも言えるのが2019年3月の浙江省人力資源・社会保障庁の葛平安《かっへいあん》副庁長の発言です。

企業関係者の座談会でのこと、ある企業関係者は従業員がなかなか見つからない上に、雇用できてもすぐに逃げられてしまうと苦境を訴えました。すると、葛副庁長は「離職問題には今後対応策ができる。浙江省はまもなく人力資源・社会保障庁の情報システム建設を推進し、企業、個人の双方に信用システムを構築する。ある個人が頻繁に離職を繰り返すのであれば、その人物の信用は問題になるだろう」と回答しました。離職という労働者の権利を行使すると、信用に影響するのはおかしいと批判されたのですが、統治者にとっては市民を意のままに誘導できるのではと魅力的な選択肢に映るのでしょう。

統治テクノロジーと監視社会をめぐる議論

さて、ここまで行政の電子化、監視カメラの進化、社会信用システムの構築といった、中国における統治テクノロジーの進展とその実態を見てきました。私たちはこうしたテクノロジーを通じた現代の「管理社会」「監視社会」の到来についてどう捉えればいいのでしょうか。日本を含む西側諸国における議論を踏まえ、考えてみましょう。

そもそも、情報社会論を専門とする田畑暁生《たばたあけお》によれば、朝日新聞のデータベースに「監視社会」という言葉が日本で初めて出現したのは1987年、それが頻繁に使われるようになったのは通信傍受法（盗聴法）や住民基本台帳ネットワークが問題となった90年代後半のことだと言います。

特に「個人情報保護法」が成立した2003年前後には、インターネットのインフラが整備されることによって個人情報が電子化され、政府によって一元的に管理される状況を、市民の相互不信を招くものとして警戒する議論が盛んに行われました。

このような状況の中で、2002年から2003年にかけて『中央公論』誌上で連載され話題を呼んだのが、批評家の東浩紀《あずまひろき》による「情報自由論」です。東はかなり早い段階から、ミシェル・フーコーによる近代社会批判の成果などを踏まえる形で、ユルゲン・ハーバーマスらが擁護しようとした「市民的公共性」という概念が、高度消費社会の中でその現実的基盤を失いつつあることを見据え、独自の現代社会論を展開してきました。

「情報自由論」では、資本や国家がひたすら快適な生活空間を提供するという「環境管理型権力」によって飼いならされた結果、ハーバーマスらが想定していた自立した意思決定を行い、公共性を担うはずの市民たちはもはやどこにも実在しないのではないか、という問題提起を行っています。

ハーバーマスの公共性に関する議論は第5章で詳しく紹介するとして、東の問題提起が重要なのは、本来「市民的公共性」の脅威となるはずの「監視社会」が、「より安全で快適な社会に住みたい」という市民自らの欲望によって生まれてきたことをごまかさずにきちんと述べた点です。ただ、「情報自由論」の中ではその市民自身による監視社会化、という深刻な事態に対して根本的な解決策は提示されず、「ネットワークに接続されない権利」「匿名のまま公共空間にアクセスする権利」などいくつかのアイディアが示されたにとどまりました。

その後日本では、2013年の特定秘密保護法、および2017年のテロ等準備罪(「共謀罪」)法案の成立に伴い、記事データベースにおける「監視社会」の登場回数も急増しました。特に2017年の第193回国会で成立した「テロ等準備罪法案」に対しては、政治的な活動に参加している人々を、いまだ起こしていない犯罪を理由に取り締まることが可能になるため、戦前の治安維持法をイメージさせるとして強い批判の声が上がりました。

ただ、総じて言えば、日本では政権批判に合わせて「国家権力に対する市民の監視」の強化に対する批判や反対運動が一時的な盛り上がりを見せることはあっても、「管理社会」「監視社会化」の動き一般について、それを警戒する声が社会の中で大きな広がりを持つことはほとんどなかったと言えるでしょう。これは端的には街角や店舗などに設けられた監視カメラが犯罪の抑止・摘発にとって有効なものであるという認識が広がったためかもしれません。しかし、より本質的には「監視社会」が市民自身の欲望から生まれてきた、という東の問題提起の正しさが示された、とも言えそうです。

アーキテクチャによる行動の制限

一方、明確な「監視」の形を取らないにしても、テクノロジーの進歩やそれを牽引する企業が提供するサービスが、市民にとって「できること、できないこと」を決めていくという状況もより普遍的なものになってきます。

この点に関する先駆的な議論としては、なんといってもサイバー法などを専門とするハーバード大学教授のローレンス・レッシグの議論が挙げられるでしょう。レッシグは、15年以上前から『CODE――インターネットの合法・違法・プライバシー』などの著作で、テクノロジーの進歩が社会における規制のあり方をどのように変えていくのか、という鋭い問題提起を行ってきました。

レッシグは、市民の行動を規制するのに、「法」「規範」「市場」「アーキテクチャ」という4つの手段があることを指摘します。このうち、最後の「アーキテクチャ」を通じた行動の規制とは、公園のベンチに仕切りを設けることによってホームレスの人々がそこに寝転がりにくくするなど、インフラや建造物等の物理的な設計を通じて、ある特定の行動を「できなくする」ことを指します。レッシグは、コンピュータとインターネットによって生み出されたサイバー空間について、大手企業が提供するアーキテクチャを通じた規制によって、自由で創造的な行動が制限される度合いが強まっていると警鐘を鳴らしたのです。

レッシグの指摘で重要なのは、法を通じた規制にはいわゆるお目こぼしがつきものだけれども、アーキテクチャにはそういった「抜け穴」が生じにくい、という点でしょう。特にサイバー空間においては、インターネットのアーキテクチャ、すなわちコードが、ほぼ完全にそこでの人々のふるまいを制約しています。

だから、むしろ市民と政府が協力し、法的規制によって大手IT企業が市民の自由な言論や行動を恣意的に規制しないよう、一定の縛りをかけていこう、ということをレッシグは述べています。すなわち、GAFAに代表される民間の大企業が資本主義の論理にもとづいて提供するアーキテクチャが、人々の自由でクリエイティブな活動の機会を奪うことのないように積極的に介入していくことこそ、法や市民社会の役割だということになります。

しかし、そこで1つの疑問が生じます。アーキテクチャによる人々の行動の制限は、民間企業――それがいかに巨大であれ――による「恣意的な規制」だから、問題とされなければならないのでしょうか。アーキテクチャを通じた規制が、より幅広い「民意」を背景にして行われ、ある種の「公共性」を実現するという可能性はないのでしょうか。

「ナッジ」に導かれる市民たち

上記のような問題を考える上で非常に重要なのが、行動経済学の理論的研究業績で2017年にノーベル経済学賞を受賞したリチャード・セイラー、および憲法学者のキャス・サンスティーンなどが唱えている「ナッジ」、そしてその背景にある「リバタリアン・パターナリズム」という考え方です。

「ナッジ」とは、アマゾンなどのインターネットの購買サイトで過去の購買履歴や閲覧情報などにもとづいてAIが「お勧め」してくれるような「助言」をイメージするとわかりやすいかもしれません。ナッジが適切なものであれば、消費者がよりよい――自己の効用を高めるような――消費行動を実現し、より幸福になる可能性が高まることを行動経済学や認知科学の知見を生かして主張したのがこの2人による『実践 行動経済学』という本です。

例えば、学校にあるカフェテリア方式の食堂におけるメニューの並び方は、子どもたちの食事の選択に重要な影響を与えます。最初におかれたメニューほど選ばれやすいからです。どうせならば、選んだメニューが子どもたちの健康を促進させるようあらかじめ考えて並べるべきではないのでしょうか。

また、このメニューの並べ方を各種の政府による制度設計に置き換えてみれば、適切な制度設計が行われるかどうかは、やはり人々の「幸福度」に大きな影響を与えるはずです。だとするなら、それがパターナリスティックな介入であり、「選択の自由」を奪うからといって、例えば最初からまったくのランダムにメニューを並べるべきだ、と主張するのはばかげているのではないでしょうか。

このような議論において重要なのが、すべての選択肢と情報を考慮した上で合理的な判断を下す「エコノ（経済人）」と、限られた情報の下でしばしば非合理的な選択を行ってしまう「ヒューマン（普通の人）」の区別です。一般的に普通の人にとって「選択の自由」はそれほどありがたいものではありません。普通の人が「自由」に振る舞おうとしても、必ず感情や雰囲気、周りの人々の決定に左右されます。例えばカフェテリアでおいしそうだが高カロリーのメニューが最初に並べられれば、ついそれを手に取ってしまいます。その結果、あとでカロリーの取りすぎを後悔する、つまり自分にとって不利な選択をすることがよくあります。

そこで政府がなすべきことは、よく練られた制度設計によって普通の人の「選択しない」という選択」をサポートすることだというのが、セイラーやサンスティーンの立場です。

つまり直接的な所得の再分配や市場にゆがみを与える規制といった「大きな政府」を批判する「リバタリアニズム（自由至上主義）」の立場と、あくまでも食堂のメニューの並べ替えや、社会保障制度に加入する際のデフォルトのオプションを工夫することによって、より望ましい選択のインセンティブを与えようというパターナリズムの組み合わせが、彼らが依拠する「リバタリアン・パターナリズム」の立場だと言っていいでしょう。

このリバタリアン・パターナリズムこそ、先ほど見たような人々の自分勝手かつ愚かな振る舞いを「そもそもできないようにする」という形で規制する「公共性」のあり方を基礎づける思想だと言えるでしょう。ただ、リバタリアン・パターナリズムに対しては、突き詰めていくと、民主主義の根幹に触れるような問題を含んでいるという批判がこれまでもなされてきました。「民意の反映であればたとえ愚かな選択であっても受け入れる」のが民主主義の精神であるとするなら、リバタリアン・パターナリズムは明らかにそれとは相容れない側面を持つからです。

例えば、本当に望ましいナッジやアーキテクチャを設計できるだけの人材を調達できる仕組みを、政府部門であれ、民間部門であれ持つことはできるのでしょうか。また、仮にそれができたとして、人々の行動を左右するナッジやアーキテクチャの設計から排除され、自らはそれに従うだけになった人々との「格差」はますます拡大するのではないでしょうか。

さらに、より多くの市民にとって望ましいナッジを提示しようとするなら、市民の行動パターンや嗜好に関するデータを政府ができるだけ多く入手しておいたほうがよい、ということになります。市民の個人情報を政府が入手し、それにもとづいて政策が行われる、という社会のあり方は、まさしく典型的な監視社会そのものではないかという疑問が生じます。

幸福と自由のトレードオフ

そこで、今後そういった人々の暮らしをよくするナッジやアーキテクチャを政府や大企業が提供する機会が増えていくとして、その決定のプロセスに、市民の側がどの程度主体的に関わり、政府などが進めようとしている動きを「監視」していくのが重要か、という問題意識が生じてきます。

これに関して、法哲学を専門とする大屋《おおや》雄裕《たけひろ》による議論を参照しておきましょう。大屋は、将来への主観的な不安に備える安心のシステム（セキュリティ）がそれ自体人々の「自由かつ民主的な」欲求から生まれている以上、「安心」を保証するためのアーキテクチャ＝監視システムの導入は避けられないということを説いています。

そして、テクノロジーの進歩によって幸福と自由とのトレードオフが顕在化した状況、すなわち19世紀的な「自由で平等な個人」がつくり上げる市民社会の「夢」が「危機」に瀕する中で、来るべき次の世界のあり方を模索すべきだとして、以下のような3つの社会像を提示しています。

1つ目は、「新しい中世の新自由主義」です。簡単に言えば、私企業が提供するアーキテクチャによって人々の行動が制限され、「法」や政府によるコントロールが利かなくなってしまった結果、ある意味で初期の資本主義に似た弱肉強食の世界、すなわち「力のあるものが勝つ」「自分の身は自分で守れ」といった自己救済の世界に戻ってしまう事態だと考えればよいでしょうか。

2つ目が「総督府功利主義のリベラリズム」です。「総督府功利主義」は功利主義に批判的な見解で知られる哲学者バーナード・ウィリアムズが用いた用語ですが、これはちょうどビッグデータが「選ばれた」一部の人々、および彼らによって運営されている公権力によって集中的に管理されており、それをもとに社会を制御するアーキテクチャが決められる。そして、多くの人がそれにただ従うだけ、そういうイメージの社会です。

こういった社会の具体的イメージについて、大屋は「個人の〈情報処理能力や判断能力の〉弱さ」を克服するために、「各人が自由に振る舞うとしても社会全体の幸福が自動的に実現する社会を、アーキテクチャ的に制度として実現するというモデル」だと表現していま す(『自由か、さもなくば幸福か？——二一世紀の〈あり得べき社会〉を問う』、224頁)。

そして3番目が「万人の万人による監視」、彼の言葉を借りれば「ハイパー・パノプティコン」です。これは、テクノロジーの進化を通じて「監視」が社会のいたるところで行われるようになった結果、人々がエリート層や政府も含めて「監視されるもの」として平等になり、その平等性への一般的な信頼ゆえに社会の同一性と安定性が保たれる、といった状況をイメージすればいいでしょう。

結局、ある程度テクノロジーによる幸福や安全の追求が進んだ社会において、近代的な価値観、すなわち特定の価値観を持った個人を差別・排除しないことに価値をおく、リベラリズムの価値観にコミットするのであれば、「社会を構成する全員が等しく監視の目にさらされ、そのようなものとして平等であるような社会」の象徴としての「ハイパー・パノプティコン」を受け入れざるを得ないのではないか、というのが大屋の問題提起です。

それは決して心踊らされるような理想的な社会ではないかもしれないけれど、どれも耐え難いように思える3つの選択肢の中では少なくとも「まし」なものである、というわけです。

このほか、監視社会論の第一人者であるデイヴィッド・ライアンも、国家などの巨大かつ強力な「監視者」が「私たち」の生活を一方的に監視する、というジョージ・オーウェルの『一九八四年』で描かれた二項対立的なイメージではもはや現実を捉えられないとして、監視の主体がより多様化し、流動化している現代の監視文化を「リキッド・サーベイランス」という用語で表現しています（『監視文化の誕生——社会に監視される時代から、ひとびとが進んで監視する時代へ』）。

これらの議論は、テクノロジーの進展による「監視社会」化の進行は止めようのない動きであることを認めた上で、大企業や政府によるビッグデータの管理あるいは「監視」のあり方を市民（社会）がどのようにチェックするのか、というところを問題視するものだと言えるでしょう。

中国の現状とその背景

ここまで「監視」に関する日本やアメリカにおける議論の潮流を紹介してきましたが、中国も同じトレンドに向かって進んでいます。中国についての議論では「異形」という言葉が常套句で、あたかも日本を含めた他の世界とは別のベクトルを向いているかのように語られることが多いのですが、実際には世界の新たな事情に学びつつ、その潮流を中国の状況にあった形で取り入れているというほうが現実に近いように思います。

「監視」という行為については、原初的、近代的、ポストモダン的という3つの段階に分けて考えることが有効です。原初的とは辞書的な意味での「監視」、すなわち「見張る、取り締まる」です。為政者にとっての不適切な行為を摘発すること、そのものが目的とされています。次に、近代的な監視が先に述べたパノプティコン。すなわち常に為政者の監視を意識させることによって、被監視者が行動を改める、自主的に不適切な行為をやらなくなるというものです。

監視カメラはその一例ですが、中国ではすでに述べた天網工程、雪亮工程が有名です。前者は都市部、後者は農村部を対象としたもので、ネットワーク化されたＡＩ監視カメラの敷設プロジェクトです。本章の最初で紹介したようなＡＩ監視カメラは、そこに誰がいるのか、どんな服を着ているのか、何の車が走っているのか、どういう行動をしているのかなどの情報を自動的に判断します。映像を人間がチェックしなくても、自動的にアラートを鳴らす、あるいは後から必要な情報を手早く検索することが可能になるわけです。

いまではこうした監視カメラは中国ではもう珍しい存在ではなくなりました。街中に設置されている監視カメラは、その存在が人にわかるようになっています。面白いことにアリババグループが提供する地図アプリ「高徳《ガオダー》地図《ディートゥー》」では、ユーザーの移動経路上に監視カメラがあると、設置場所を表示しています。監視カメラがあるから振る舞いには気をつけろ、とご丁寧にも教えてくれているわけです。

こうした近代的監視のアップデートが続く一方で、中国がそれ以上の力を注いでいるのがポストモダン的監視です。大多数の人は監視されていることを意識していないのに自然と不適切な行動を取らないように誘導される、監視者と被監視者という二分法が万人の万人による監視に取って代わられるという特徴を持ちます。まさにナッジやリキッド・サーベイランスといったコンセプトを現実社会に落とし込み、社会実装しようとしているわけです。

その中核が先ほど見た「社会信用システム」です。もっともその実態は、ここまでお伝えした通りまだ途上であり、特に「道徳」に関するシステムは課題も山積しています。また日本あるいは英語圏の報道で、あたかも中国政府が国家が個人情報を一元的に管理する「社会信用システム」の青写真をすでに描いており、民間企業の提供する「社会信用スコア」サービスまでその中に組み込まれていると言われることがありますが、そういった可能性は将来的にありえたとしても、ずっと先のことでしょう。

しかしながらこうした試みの背景に、レッシグが警鐘を鳴らしたような「大手民間IT企業が提供するアーキテクチャが人々の行動を左右する」という状況、およびサンスティーンらが推し進めようとしている「温情主義的な政府が制度設計によって市民を善導する」という状況があることは押さえておいたほうがいいように思います。

というのも、すでにこうした「善導」は、次章で詳しく見る「言論統制」の分野で、ある意味で「成功」しているからです。かつての中国の言論統制と言えば、検閲、削除、逮捕などの強権一辺倒でした。しかし、現在の言論統制は不可視化されて多くの人々がその存在に気づかないようになり、また一般市民が自発的に反政府的な発言を控える、そうした形のものへと進化しつつあるのです。

第4章 民主化の熱はなぜ消えたのか

中国の「検閲」とはどのようなものか

２０１９年６月、ある日本の経済メディアの取材チームに帯同し、北京を訪問したときのことです。チームメンバーで共有できるよう、取材日程はグーグルカレンダーに集約したのですが、閲覧できなくなった同行者がいきなり悲鳴を上げました。「大変です。グーグルがつながりません！」。悪名高き中国のネット検閲の餌食《えじき》になったのです。

悲鳴を上げた彼は、何度も中国取材を経験していて、ネット検閲対策もちゃんと用意していたのですが、いままで大丈夫だった対策が「なぜか」今回は通用しなかったのです。

この「なぜか」というのがポイントです。じつは中国のネット検閲は日々刻々と変化しています。そして地方ごと、通信事業者ごとに違いがあります。何も対策を講じなければ、グーグルやツイッター、フェイスブック、ニューヨーク・タイムズなどの海外のウェブサービスやメディアを利用できない点では一定ですが、あまり知名度が高くないサイトについては急にアクセスできるようになったり、できなくなったりと、検閲システムの挙動は一定しません。また、ＶＰＮ（バーチャル・プライベート・ネットワーク）と呼ばれる技術を使ったネット検閲対策も、あるサービスが急に使えなくなったり、逆に利用できるようになったりと変化します。

中国関係のニュースに注目されている方は「○○というサイトがアクセス可能に。中国政府の態度変更か」「○○がアクセス禁止に、中国政府の姿勢示す」といった記事を目にしたことがあるかもしれません。しかし、こうした記事はナンセンスです。つまり中国政府の明確な意志で変更されるときもあれば、気まぐれのように変えられることもある。その不可解さこそが中国ネット検閲の本質なのです。

また、よくある誤解は、海外のサービス、メディアは絶対に使えない、あるいは検閲を回避したら逮捕される、というようなものです。実際はそんなことはありません。ただ、検閲回避は手間がかかって面倒くさいのです。中国外での生活がメインの外国人にとっては連絡先、仕事相手も大半が中国外の居住者ですから、連絡がつかないのは当然困ります。だからどんなに手間がかかっても必死に検閲回避の手法を探すほかありません。

ですが、外国人とのつき合いがほとんどない中国人でしたら、中国国内の代替サービスを使えば用が足ります。グーグルの代わりに百度の検索、LINEの代わりにウィーチャットといった具合に、同じような中華系サービスが展開されているからです。中国のネット検閲は回避できるが手間がかかる、面倒だと思う人は海外サービスから足が遠のく……という構造です。

このように中国のネット検閲は日常的にはソフトな手法で行われていることが多いのです。例えば２０００年代前半には中国でグーグル検索は完全に遮断されていたわけではありませんでした。どういうことかというと、アクセスできる時間が30秒続いたあと、できない時間が30秒続く。同じユーザーが短時間に複数回検索したらアクセスを遮断する。こうした「天安門事件」などセンシティブな言葉を検索しようとしたらアクセスを遮断する。こうした複数の規制を組み合わせて、利用を面倒なものにしていたのです。

事情を知っている人は、こうした不安定な挙動が中国政府によるものだと理解していましたが、「グーグルは世界的企業というが、サイトがダウンしてばかりじゃないか。中国の百度のほうがよっぽど安定している」と勘違いしている人も少なくありませんでした。

こうした緩い検閲が平常運転だとするならば、突発事件が起きたときには徹底的なネット検閲が行われます。新疆ウイグル自治区での騒乱、少数民族による天安門前での車突入・炎上事件、あるいは民主化活動家・劉暁波《りゅうぎょうは》のノーベル平和賞受賞などがその好例でしょう。２００９年の新疆ウイグル自治区の騒乱（第7章参照）では、約1年間にわたり現地のネット接続すべてを遮断するという強引な手段も採られました。

この場合、アクセスの遮断だけではなく、報道や発言の削除も行われます。一般メディアや一般市民の発言はすべて封殺し、人民日報や新華社など中国共産党中央直属のメディアによる報道だけが残されます。SNSでも関連する書き込みは禁止されるほか、人民日報などの報道を伝える公式アカウントによる書き込みでも、コメント欄が閉鎖されて一般ユーザーによる不規則発言が人目に触れないようにされます。

いったいなぜ政府はここまで徹底した言論規制を行っているのでしょうか。そして、いま見たようなソフトな手法と、強引な手法は水面下でどのようにつながっており、今後どのような方向へ行こうとしているのでしょうか。本章ではそのことを考えるために、まずネット世論が中国社会に与えた影響を紹介し、続いて習近平政権によるその対策を見ていこうと思います。

「ネット掲示板」から「微博」へ

1949年の中華人民共和国成立以来、中国共産党はあらゆるメディアの検閲を行ってきました。検閲の対象となる言論は時代や媒体によっても異なりますが、「中国共産党による一党支配に疑義を呈すること」「トップ政治家に対する批判」「民主化運動など反政府運動を教唆《きょうさ》すること」「少数民族の独立を促すこと」が中心です。

対象となる媒体は書籍、雑誌、新聞、映画、テレビ、ラジオにいたるまですべてを包括しています。書籍や雑誌などの出版物は必ず政府機関か国有企業の管轄に置かれる仕組みですし、映画は台本から始まり各段階でチェックが入ります。

このように強靭な検閲体制が築かれているのですが、社会に新たなメディア、従来なかったツールなどが登場すると、検閲体制が構築されるまでにはどうしても時間がかかります。特にこの20年間のインターネット時代には、ネット掲示板、メッセンジャーソフト、ブログ、マイクロブログ、SNSと次から次へと新たなメディアやツールが登場したため、政府の検閲体制は後手に回りました。

1990年代後半にまずネット掲示板が登場しました。問題のある記事は次々と削除されましたが、中国ネットユーザーは気になった記事、ほかの人に読んでもらいたい記事を転載したため、消される数より転載される数が上回り、検閲はあまり有効に機能しませんでした。2000年代初頭にはブログが登場。ネット掲示板とは違い、管理人がいないため、検閲はさらに困難なものとなりました。2000年代半ばには米国のフェイスブックやマイスペースを模倣して、中国企業が人人網《レンレンワン》などのSNSを立ち上げます。フレンド登録をした人が書き込むと通知が来るため、人間関係を通じて爆発的に情報が流通する性質を持っていました。

パソコンのチャットソフトも重要なツールです。1990年代末からマイクロソフト・メッセンジャー、イスラエルのmirabilis社が開発したICQ、そして中国企業テンセントによるQQといったソフトが人気となりました。基本的には知人同士のコミュニケーションツールですので、人目に触れることなく情報を送ることができます。重要な記事、削除されそうな記事を見つけたらチャットソフトで知人に送る。これも検閲回避の重要な手段となりました。

意外なところでは携帯電話のショートメッセージも重要です。2007年のアモイPX事件では、ショートメッセージが市政府の態度変更を促すほどの大規模な抗議運動を起こす引き金となりました。PXとはパラキシレンの略語です。パラキシレンを製造する化学プラントの建設が認可されたところ、環境被害をもたらしかねないという理由から住民の反発を招いたのです。

しかし、抗議デモを行おうにも、政府の許可が得られる可能性はゼロ。そこで決められた日時に、「たまたま偶然」市庁舎前に集まろうとの呼びかけがショートメッセージで広がりました。シュプレヒコールなどはあげず、ただ静かに散歩するだけ。体の一部に黄色

アモイPX事件での抗議活動（写真提供：Zola周曙光）

いリボンをつけて、見る人が見れば志《こころざし》を１つにしているとわかるようにしよう、という取り決めが共有され、多くの人々が市庁舎前を埋め尽くしました。

　２０１９年、香港では逃亡犯引き渡し条例制定に反対するデモがあり、最大で２００万人（主催者発表）が参加する事態となりました。リーダーや組織はなく、強力な匿名化機能を持つ、メッセージアプリ「テレグラム」で流れてくる呼びかけなどに、個人個人が反応する形で、運動が拡大しました。匿名のメッセージがつなぐ無組織の抗議運動という形態は、アモイＰＸ事件とよく似ています。当時、携帯電話番号はコンビニや雑貨店で簡単に購入できたので、ショートメッセージはテレグラムと同じく匿名の連絡媒体として活用することができたのです。なお、現在は電話番号は身分証として紐づけられているので、抗議デモの呼びかけなどを流そうものなら、すぐに発信者を突き止められてしまいます。

「穏定圧倒一切」(安定はすべてに優先する)という天安門事件後に鄧小平《とうしょうへい》が残した言葉は、中国共産党にとって絶対の価値を持ちます。建設を強行すれば暴動などにつながりかねない、そうなれば市政府官僚の責任問題になるとの警戒から、建設計画は撤回されました。

　２００９年には微博がリリースされました。不特定多数のフォロワーに向けて、簡単にテキスト、画像を公開できるアプリです。１４０文字以内の短文しか書けないのですが、それゆえに気楽に、膨大な数の投稿を発信できます。しかも携帯電話だけで投稿できるので、事件が起きている現地からリアルタイムで発信できるのです。

　個人的に記憶に残っているのは２０１０年の反日デモです。尖閣《せんかく》諸島沖中国漁船衝突事故を受け、中国各地で反日デモが起きましたが、微博によって現地からリアルタイムでレポートが公開されました。いまやＳＮＳで事件の第一報が届けられるのはよくある話ですが、当時はまだ新鮮でした。

　勘のいいジャーナリストが現地にいても、多くの参加者がいるデモの中で、衝突や破壊活動が起きるハイライトシーンに居合わせることは容易ではありません。ところが微博を眺めていれば、誰かがそうしたシーンを投稿しているため、見逃すことはありません。筆者のみならず、多くの中国人が微博に釘づけになりました。

さらに驚いたのは、実際に現場からリポートした人の話を聞きたい、と連絡を取ったときのことです。なんと、リポートしていた人物はデモの現場である四川省綿陽《めんよう》市在住ではなく、1500キロ以上も離れた浙江省に住んでいたのです。

「申し訳ない。私はデモ参加者の投稿を集めて、あたかも自分が現場からリポートしている体を装っていただけなんです。やった理由ですか？　なんか面白いかなと思って。特に理由はありません。ですが、目立ちすぎて警察に呼び出され怒られました（笑）」

あれほどの生々しいルポが現地にいなくても書けるのか、とすごい衝撃を受けたことを覚えています。

宜黄事件、烏坎事件から見た独裁政権の逆説

ちょっとした文才やセンスがあれば、現場にいなくても人目を引くレポートが書けてしまう。これほどの力を持ったメディアの登場は、中国社会に大きな影響を与えました。い

くつか代表的な事件を紹介しましょう。

２０１０年に江西《こうせい》省撫州《ぶしゅう》市宜黄《ぎこう》県で起きた、いわゆる宜黄事件では、政府の暴力的な土地収用に抗議して住民３人が焼身自殺を図り、１人が死亡しました。その後、親族が実情を伝えるためにテレビ出演しようと北京市に向かったところ、地元政府関係者が空港で妨害します。しかし空港での妨害や病院での治療状況などが微博で発信され、ネットを中心に同情の声が高まりました。その結果、世論の圧力を受け、中国政府は地元自治体に過ちがあったとして宜黄県トップを罷免したのです。

日本でも大きく報道されたのが２０１１年の烏坎《うかん》事件です。広東省汕尾市陸豊《りくほう》市にある烏坎村の共有地使用権が企業に譲渡されたのですが、企業が支払った補償金が村民に還元されなかったため、抗議活動が起こりました。運動のリーダーが警察に拘束中に急死したため、村民たちは態度を硬化させ、村にバリケードを築いて立てこもり、その周囲を数千人の武装警官隊が包囲するという緊迫した事態となったのです。

この籠城《ろうじょう》戦は約10日間に渡り続き、その一部始終が微博で中継されました。中国のネット世論、さらには海外メディアの注目を集める中、最終的には地方政府が譲歩する形で幕引きが図られています。地方の出来事とはいえ、なぜ微博におけるネット世論の圧力に、

烏坎事件での抗議活動（写真提供：ロイター／アフロ）

中国政府は譲歩したのでしょうか。

ここには独裁政権ならではの逆説があります。独裁国家は民主主義国家ではありませんが、それでも民意を無視できるわけではありません。むしろ、選挙で正当性を担保されていない分、民主主義国以上に世論に敏感という側面があります。究極的には暴力的な弾圧を行う力と選択肢を持っていたとしても、民衆は独裁政権を支持しているという建て前を可能な限り守る必要があるのです。

行動を起こす側も、この独裁政権の逆説には自覚的でした。上述の烏坎事件では最終局面において、朱明国《しゅめいこく》広東省委副書記（当時）が現地を訪問したのですが、村人たちは歓迎の横断幕を持って迎えました。「不正を行う村役人に私たちは抗議していただけだ」「だからその過ちをただす上級役人の来訪は歓迎する」というロジックです。

下っ端の役人は悪者ですが、上位の役人は現実を知らないだけで基本的には民を思っている。まるで『水戸黄門』のような図式ですが、こうした演出を施すことによって、中央政府のメンツが守られ、抗議者は利益を得るという幕引きが可能になります。このことは次章で述べるように、多くの人々が現代社会において何らかの公共性を実現するには党の力に頼らざるを得ないと考えていることの裏返しとも言えるかもしれません。

いずれにしても、この独裁政権の逆説をうまく利用して、ネット世論は次々と勝利を収めていきました。水戸黄門的図式は民主主義とは本来ほど遠いものですが、少なくとも地方官僚の不正を抑止する力にはなっている。そのため、インターネットは中国を変える力になるのではないか、そんな期待が盛り上がったのもこの時期です。しかし、2012年の習近平体制の誕生によって、その期待は見事に裏切られることになります。

習近平が放った「3本の矢」

習近平体制にとって、最大の課題の1つはネット世論のコントロールでした。2012

年秋の中国共産党大会で体制が成立したあと、矢継ぎ早に対策が導入されています。

第一の矢は「反腐敗キャンペーン」です。不正を働いた官僚を中国共産党自ら次々と見つけ出し、処罰していったのです。しかもこのキャンペーンでは周永康《しゅうえいこう》・中国共産党中央政治局常務委員を筆頭に、大物がバタバタと失脚していきました。常務委員の失脚は文化大革命終結後の四人組以来30年以上もなかった大事件です。

明らかに「ネット世論がクビを取ったのは下っ端官僚ばかり」であり、「汚職官僚退治で最も実力があるのは中国共産党だ」ということをアピールするねらいがありました。ネット世論と同じことを、それ以上の力で実現する。この戦術について、習近平自らが２０１３年８月の全国宣伝思想会議で語っています。

「より多くの力を投じ、ネットという世論の戦場の主導権を速やかに掌握しなければならない。進んで学び、現代的メディアの新手段新手法の専門家にならねばならない。ネット世論の議論に深く入り込み、ネットの攻撃・浸透を防御し抑制する。組織を整備し誤った思想に反論を加え、法にもとづくネット社会管理を強化し、ネットの新技術、新たなサービスの管理を強化し、ネットの支配を確保する。このようにして我々のネット空間を正常にするのだ」

「ネットの闘争は新たな世論闘争形態であり、戦略戦術を研究しなければならない。彼らが運動戦・遊撃戦を展開するならば、我々も正規戦・陣地戦でのみ戦うことはできない。臨機応変に対処し、彼らの手段を我々も活用し、敵の奇を突いて勝利しなければならない。古い戦術に固執して戦略的大局を失ってはならない」

従来の古い宣伝、プロパガンダの手法ではなく、新たな時代に即した手法をとること。つまり微博によるネット世論に対して、同じ手段で戦うべきだと述べています。ネット世論以上に汚職官僚を叩く「反腐敗キャンペーン」はその代表例であり、ほかにはラップの曲に乗せて共産党の主張を伝えるアニメを制作するなど、ネットユーザーに広がりやすい宣伝手法が模索されました。

そして第二の矢は強圧的な封じ込めです。２０１３年には有名ブロガーが次々と逮捕されたほか、「市民社会」（この言葉については次章で詳しく検討します）の実現を目指す市民運動、新公民運動のリーダーである許志永《きょしえい》、王功権《おうこうけん》が逮捕されています。さらにその翌年には著名なジャーナリストである高瑜《こうゆ》、人権派弁護士の浦志強《ほしきょう》が逮捕され、２０１５年７月９日には人権派弁護士、活動家ら２００人が一斉に逮捕、取り調べを受ける「７０９事件」が起きています。

中国のネットスラングでは「被喝茶」（お茶を飲まされる）と言いますが、逮捕や正規の取り調べ以外でも、警察に呼び出されて非正規の取り調べを受け、過激な発言をしないよう釘を刺される事例も増えているようです。結果として逮捕されていない著名微博ユーザーやブロガーも社会問題、時事問題についての発言を控えるようになっていきました。

第三の矢は監視員、世論誘導員の増員です。中国では極めて多くの人間がネット投稿の監視員として従事しています。地方政府が雇っているケース、IT企業が自社サービスに不適切な投稿がないかを確認するために雇っているケース、さらに大学や中国共産主義青年団に所属する若者が動員されボランティアとして活動しているケースなど多様です。詳細は不明ですが、想像を絶する数の人々が人力で検閲にあたっていることは確かで、2015年に流出した文書では、中国共産主義青年団だけで全国1000万人のネットボランティアを動員する計画が明らかになっています。

検閲の存在を気づかせない「不可視化」

さて、ここまで挙げた施策は強制的な圧力や監視によって言論を規制するという、いわば「旧来型の言論統制」でした。こうした施策は外部からもわかりやすいため、政府にとっては諸外国や人権団体から批判されることが多いのが難点と言えます。しかし最近は、これらと並行して、より新しい形での言論統制も導入され始めています。

その1つの例が、不可視化です。「旧来型の削除」はアカウントや投稿がただ削除されるもので、ユーザーには削除された事実がすぐにわかりますし、外部からも観測可能です。例えば、ハーバード大学のゲイリー・キング教授は微博の書き込みを大規模に収集し、その中からどのような投稿が削除されたのかという事例を収集し、中国政府のネット検閲が何を問題視しているかを分析しています。強圧的な削除は当局が何を警戒しているかを明らかにしてしまうのです。

一方、書き込んだ本人にすら検閲の存在を気づかせないのが「不可視の削除」です。書き込んだ本人からは通常の投稿と何一つ変わらないのですが、閲覧者には表示されないシステムになっています。ほかにも「リツイートができない」「検索で表示されない」「ハイライトに掲載されない」といったバリエーションもあります。書き込みそのものを削除するのではなく、拡散してネット炎上が起きないよう工夫されているのです。そのため「あんまり人の気を引かない書き込みだったのかな」と書き込んだ本人すら規制されたことに気がつかないわけです。

じつは筆者（高口）もこうした規制を受けたことがあります。微博ではなくウィーチャットを使っていたときのことです。中国在住の友人と会話していて、中国少数民族問題に関する日本語記事のテキストを送信したのですが反応がありません。無視されただけかとも思ったのですが、「記事が届きましたか」と連絡したところ、届いていないと返信がありました。メッセージアプリで会話をしていて返事がないことや、会話が途切れることなど日常茶飯事ですから、ふつうは不思議に思いません。そのときは勘が働いて確認しましたが、もしかすると気づかなかっただけで、何度も不可視の検閲を受けていたのかもしれません。

摘発された側が摘発する側に

もう1つの手法として、「ゲーミフィケーション」が挙げられます。ゲーミフィケーションとは、ゲームの手法をさまざまな事物に応用することです。あるタスクを決め、それをクリアするとポイントが入り、レベルアップする、またはちょっとした報酬がもらえる、というのがスタンダードでしょうか。

すでに終了したサービスですが、中国検索大手百度のドキュメントシェアリングサイト

「百度文庫」の日本版では、シェアしたドキュメントの数が多ければ多いほど、そしてそのドキュメントが読まれれば読まれるほど、ユーザーが平社員から課長、部長、そして社長へと出世していくシステムが導入されていました。肩書きが上がったからといって、たいしたメリットはないのですが、「昇進」が楽しくなってせっせとドキュメントをシェアした人もそれなりにいるでしょう。

最も広範に普及したゲーミフィケーションが「信用スコア」でしょう。第3章で金融的信用スコア、道徳的信用スコアを紹介しましたが、じつは中国のさまざまなITサービスで信用スコアは広く使われています。例えば微博には陽光《ようこう》信用スコア、信用スコアという2種類が導入されています。

前者はユーザーの信用度を、実名認証をしたか、使用頻度はどうか、注目される書き込みはあるか、交友関係はどうか、不適切な発言はなかったかといった項目における評価を通じて900点満点で示すものです。点数は統計的に算出される、芝麻信用型です。この陽光信用スコアの目的は、発信者がどれほど信用できる人物なのかを一目で判別できることを目的としています。「面白そうなことを書き込んでいるけど、陽光信用スコアが低いから、いい加減な発言ばっかりしているユーザーなんだな」といった具合に判別できるわけです。もっとも陽光信用スコアの知名度は低く、活用しているユーザーの話は聞いたことがありませんので、システムをつくったはいいものの、実効性には欠けている状況でしょう。

一方の後者は地方政府の道徳的信用スコアと似たつくりです。80点からスタートし、書き込みがデマと判断されると5点マイナスされます。75点以下になると、「おすすめユーザー」「おすすめ書き込み」として表示されなくなり、60点を下回るとフォローされたりリツイートされたりしなくなります。40点以下になると、書き込みがほかのユーザーの目に触れることがなくなります。つまるところ、強圧的な削除とは異なり、ユーザー自らに自発的に検閲させるという仕組みなのです。

ぎょっとするのがスコアの回復方法です。通常は7日ごとに1点ずつ回復するのですが、「祖国を熱愛することを栄光とし、祖国に害を与えることを恥とする」といった定型文をつぶやくと、回復期間が1日短縮されます。これを「一日一善機能」と言うのですが、不適切な発言をしたユーザーに一転して、プロパガンダ的な書き込みをさせようとする仕組みです。さらに不適切発言を見つけて通報すると、1点回復するという仕組みもあります。摘発された側が今度は摘発する側に回るわけです。

微博以外ではシェアサイクル各社も信用スコアを採用しています。スコアが下がると料金が上がる、使えなくなるという罰則が一般的です。また停車したときに写真を撮影して企業に報告する、変なところに乗り捨てられている自転車を見つけたら報告するという行為でスコアは回復します。

配車アプリの滴滴出行にもいくつかの信用評価があります。乗客は運転手に評価をつけることができ、点数が高い運転手ほど優先的に仕事が得られる仕組みです。一方、運転手も乗客の評価をつけることができ、低い評価の乗客は車を捕まえづらくなります。また、一般ドライバーの信用評価もあります。現在は休止中ですが、滴滴出行には「順風車《シュンフォンチャー》」という相乗りサービスがあります。本来はヒッチハイクのような構想で、どこかにでかける運転手が同じ方向に向かう人を乗せてあげてお金をもらうというものですが、実質的には営業者免許がなくてもタクシー業務ができるサービスになっていました。順風車のドライバーにはスコアがつけられていて、このスコアが下がると滴滴出行に支払う手数料が増えますし、最終的には順風車の仕事ができなくなります。

スコアによって人々をお行儀のいい行動へと導く信用スコアは、中国のＩＴサービスではしごく一般的な手法なのです。

ネット世論監視システムとは

不可視化やゲーミフィケーションとともに発展している仕組みとしては、「ネット世論監視システム」が挙げられます。微博やネット掲示板、検索サイトなどを監視し、ある特定のトピックに関する書き込みが増えると警報を出すという仕組みです。微博を運営するSINA、ウィーチャットを運営するテンセント、検索サイト大手の百度、さらには国有メディアの人民日報や新華社などがネット世論監視システムを開発し、地方政府や国有企業相手に販売しています。

サービスを購入した政府や地方は、自らがネット炎上の対象になったときは、反論や謝罪、あるいはメディアの報道規制や自らの主張を伝えるサクラの動員などの手段によって速やかに対応し、初期状態で沈静化させるよう努めるわけです。

不可視化やゲーミフィケーション、ネット世論監視システムは、旧来型の言論規制とは異なり、一般ユーザーにほとんど存在を感じさせないか、あるいはインセンティブを与えることで行動を促すようなつくりとなっています。

もう1つ、検閲制度やテクノロジーの外側における重要な問題があります。それは「ネットの大衆化」です。中国のネットは黎明《れいめい》期においては政治や社会問題が最も需要のあるトピックでしたが、それは普及初期のインターネットを使う層が、学生や所得が高い若いビジネスマンが多く、社会問題に興味がある層と重なっていた面も大きかったからです。

ノンフィクション作家の安田峰俊《やすだみねとし》は『中国・電脳大国の嘘』の中で、インターネットのヘビーユーザー層以外では政府への怒りなど共有されておらず、日常生活や自らの趣味が興味の中心であると喝破しています。ネットの声はいわゆる「ノイジーマイノリティー（声高な少数派）」であったとも言えます。インターネットの普及初期は、政治や社会問題に興味を持つ「少数者」が活発な発信によって、ネット世論の雰囲気を形成しますが、ユーザー数が増えるにつれて、興味関心は拡散し、彼らの声は埋没していきます。２０１８年12月末時点で、中国のインターネットユーザーは8億２９００万人。全国民の59・６％に相当します。10年前の２００８年はまだ22・６％でした。まだまだ全国民が使うレベルとはほど遠いのですが、全人口の過半数を超えてかなり現実社会の母集団に接近しているわけです。とすると、現実社会同様、人気のあるテーマはやはりエンターテインメント、つまり芸能人の情報を知る、スポーツやテレビ番組、映画の情報を知るという使い方になります。これは中国に限らず、日本やアメリカ、世界中どこの国でも共通でしょう。

もちろん普段はエンターテインメントにしか興味がない人も、社会問題にまったくの無関心というわけではありません。「弱者がひどい仕打ちを受けた」「自分の故郷の環境を汚染するような工場ができる」といった、怒りをかき立てられるようなニュースを目にすれば、さすがに関心を持ちます。そこで政府は、そうした事態がなるべく起きないように未然にコントロールを行っています。

習近平政権になってから登場した言葉に「正能量《ポジティブ・エネルギー》」というものがあります。ネットにネガティブな言葉を流通させるのではなく、ポジティブな言葉を流通させ、社会を肯定的に捉える雰囲気を保とうという意味です。先述のような、巧妙な手段を駆使することで、この目的はかなりのレベルで果たされているように思われます。

以前は、社会問題を批判糾弾する書き込みであふれかえっていた中国のネット空間は、現在ではエンターテインメントを中心とした世界に一転しています。中国共産党にとっての清く正しい言論世界、しかもネットユーザーの多くがそのように誘導されていることに気がついてない「ポジティブ」な世界が現出したのです。

第5章 現代中国における「公」と「私」

「監視社会化」する中国と市民社会

第4章で見たように、習近平政権の下で市民の自由な言論は、政府の巧妙な手法によって徹底的に押さえ込まれています。

それでは、中国のような権威主義的な国家における「監視社会」化の進行は、やはり欧米や日本におけるそれとはまったく異質な、おぞましいディストピアの到来なのでしょうか。筆者は、このような問題を考察する上で、私利私欲の追求を基盤に成立する「市民社会（経済社会）」と、「公益」「公共性」の実現をどのように両立させるのかという、いわゆる「市民的公共性」に関する議論を深めることがとても重要だ、と考えています。

あとで述べるように、これまで中国社会の近代化を論じる際は、近代西洋において成立した「法の支配」や普遍的人権、民主主義といった「普遍的な価値」をものさしとして、その中国における不在や困難性を指摘するのが一般的でした。

例えば（私的利益に基づく）民間社会と、公的な権力が一体になって一般的なルール＝「法」を成立させ、両者がそのルールに従うという「法の支配」にもとづいた統治が行われる近代西洋に対して、中国社会では公的な領域と私的な領域が乖離《かいり》し一体をなさず、そうした統治が行われない、だからそれを克服することが中国社会の近代的発展にとっての大きな課題だ、と言われてきたのです。

しかし、テクノロジーによる管理・監視社会化の進展によって、近代西洋の流れを汲むいわゆる西側諸国においても「市民的公共性」の基盤が揺らいでいるように見えます。このことは、これまでに中国社会について議論されてきた、「公的な領域と私的な領域の乖離を克服し、不変的な価値に基づいた近代的な社会の成立を目指す」という課題がすでに過去のものになりつつあるということを意味するのでしょうか。つまり、現代中国の動きはテクノロジーによる管理・監視社会化の先端を行く事例として、日本に住む私たちにとっても参照すべき課題を提供しているのでしょうか。

以上のような問題意識を踏まえながら、この章では人々の経済的な欲望を解放しつつ、政治的にはますます強権の度合いを強める習近平政権下の中国を、「テクノロジーを通じた統治と市民社会」という観点から検討してみたいと思います。

第三領域としての「市民社会」

さて、「市民社会」は(米国を含む)西洋社会のみならず、日本のような非西洋の後発資本主義国の近代化を論じる上で、欠かすことのできない概念ですが、論者やその立場によって使い方やニュアンスが異なるため、しばしば混乱を招きやすい用語でもあります。

これは地域、および歴史的文脈において、もともと異なった概念を表していた別々の用語が、今日の日本では「市民社会」という言葉で総称されていることに起因しています。

例えば、近代の市民革命を通じて成立したとされる自律的な「市民社会」にしても、一方では「法律の前での平等」の下で人々が政治に参加する「公民社会（英語のcivil society）」、他方では「（自由な）経済社会（ドイツ語のdie bürgerliche Gesellschaft）」という、二重の意味を持ち続けてきました。

このことは、近代西洋社会における「市民」が、私的利益を追求する、資本主義的な市場経済の担い手（フランス語のbourgeois〔ブルジョワ〕）であると同時に、国家主権とのかかわりにおいては、近代的諸権利の主体としてより抽象的な人倫的理念を追求する存在（同じくcitoyen〔シトワイヤン〕）でもあるという、二重性を持つ存在であったことに対応しています。

さらに1990年代、すなわち冷戦の終焉以降は、NGOやNPOなどの国家とも営利企業とも異なる「第三（の社会）領域」に属する民間団体、あるいはその活動領域を指して「市民社会」と呼ぶ動きが主流になっています。つまり、西洋社会にその起源を持つ少なくとも3つの異なる概念に、日本では同じ「市民社会」という用語を当てるのが習わしになってきたのです。

このことが、日本における「市民社会」論にどのようなバイアスをもたらしたかは後述するとして、その前に最後に挙げた社会における「第三領域」としての「市民社会」概念について、少し補足しておきましょう。

すでに述べたように「市民社会」という用語が意味するものが大きく変化したのは、1989年にベルリンの壁が崩壊し、社会主義と自由主義陣営との間のいわゆる冷戦構造が崩れてからです。そもそも社会主義体制の下では労働者の貧民化をもたらす「自由な経済社会」としての市民社会の矛盾は解決されたはずでしたが、これによって、実際はソ連や東欧の社会主義体制の下で官僚支配や言論の抑圧、生産の停滞など数多くの問題が生じていたことが明るみに出ました。そして、そのような旧体制の打破に立ち上がった人々が、「市民社会」という用語を、「公民社会」とも「経済社会」とも異なる第三の意味合いで用いるようになったのです。

その動きを新たな理論としてまとめあげたのが、西ドイツ出身の思想家ユルゲン・ハーバーマスでした。ハーバーマスの代表作である『公共性の構造転換』は、自律的な個人が主体的に参画して構成される「公民社会」から大企業や官僚システムに支配された没人格的な大衆社会へと、社会が転換する中でいかにして「市民的公共性」を保つか、という切実な問題意識の下に書かれた書物です。

そのハーバーマスが、ベルリンの壁崩壊という現実に直面し、英語のcivil society、すなわち「市民社会（公民社会）」の訳語として使い始めたのがZivilgesellschaftという言葉でした（植村邦彦『市民社会とは何か』）。これは1990年に出版された英語版の『公共性の構造転換』の序文の表現によれば、以下のような性質を持つ言葉でした。

《市民社会》の制度的な核心をなすのは、自由な意思にもとづく非国家的・非経済的な結合関係である。もっぱら順不同にいくつかの例を挙げれば、教会、文化的なサークル、学術団体をはじめとして、独立したメディア、スポーツ団体、レクリエーション団体、弁論クラブ、市民フォーラム、市民運動があり、さらに同業組合、政党、労働組合、オールタナティブな施設にまで及ぶ。

（『公共性の構造転換　第2版』細谷貞雄・山田正行訳、xxxviii）

このハーバーマスの理論を端緒に、冷戦の終焉以降、公民社会＝国家とも経済社会＝市場（企業）とも異なる、「第三領域」における民間組織および運動として市民社会＝ＮＧＯなどの市民団体を捉える立場が政治学、経済学、社会学などの社会科学においても急速に普及し、現在の市民社会論の主流を占めるにいたったのです。以下では混乱を避けるため、この第三の意味における市民社会を「市民社会（団体）」と表記することにします。

現代中国の「市民社会」に関する議論

このように「第三領域」における組織および運動として、「市民社会（団体）」を捉える姿勢は、日本や中国を含むアジアの国々でも急速に広がっていきました。

その結果、中国のような必ずしも欧米基準の民主制を採用しない、権威主義体制の国家の下でも、「第三領域」としての「市民社会（団体）」は存在しており、一定の社会的意義を持つ、という立場からの議論が次第に増えてきました。

背景には、それまでの領域的な国家と深く結びついた市民社会概念に代わって、水平的で国境横断的な、グローバルなネットワーク構築の中心的役割を担うもの（「グローバル市民社会」という表現に代表されるような）として、ＮＧＯなどの「市民社会（団体）」の役割を再評価する潮流が台頭してきたことが挙げられます。

この潮流に位置づけられる中国の代表的な議論として、2012年に出版された李妍焱《リ・ヤンヤン》による『中国の市民社会――動き出す草の根NGO』があります。この本では、中国で実際に活躍する多くのNGO――環境問題に取り組んだり、農村から出稼ぎに来ている底辺層にいる人たちをサポートしたりしているNGOの活動を日本の読者に紹介しています。

同書における李の言葉を借りれば、「市民社会は決して市民社会的伝統を有する欧米の国々、あるいは国家権力の相対化を追求する民主主義制度の『特許的領域』ではない。市民社会の伝統を有さない国においても、社会主義を標榜する国においても、国家が公共の問題の全てをコントロールできない以上、市民社会の存在が現実的に可能となる」（同書、3頁）ということになります。

一方で、中国のような権威主義国家における「市民社会（団体）」については、結局のところ「権力に従順」であり、ハーバーマスの構想したような「公共的な討論」に参加して「世論を形成する」という側面が脆弱《ぜいじゃく》なのではないか、という批判が投げかけられてきました。

例えば、中国法を専門とする鈴木賢《すずきけん》は、次のように指摘しています。「中国の社会組織法制は厳しい制御〔控制〕主義と一定程度の放任主義を特徴とすると概括されるが、政治的、社会的安定を優先させることを考慮して、社会組織の発展をできるだけ抑制することを基調とした。党国（筆者註：政権党と国家が一体化した社会主義特有の体制のこと）は党国のコントロールが及ばない『社会』が育つことに強い警戒感を抱き、その勢力の拡大を恐れてすらいるように見える」「党国は党国にけっして逆らわず、聞き分けのよい、むしろ協力的で、利用価値の高い社会組織だけを育成しようとしているのである」（「権力に従順な中国的「市民社会」の法的構造」『現代中国と市民社会――普遍的《近代》の可能性』石井知章・緒形康・鈴木賢編、５３７頁、５５９頁）。

また、辻中豊《つじなかゆたか》らも「現状において、中国の市民社会組織に許された活動空間は、限定的と言わざるを得ない」と指摘した上で、中国共産党第16期中央委員会第６回全体会議（２００６年10月）では、「民間組織」に代わり「社会組織」という新たな概念が提出されたことに注目しています。というのも、「この呼称の変化は、『民間』という言葉に内包された『主体性とエネルギー』を否定し、団体を、共産党が領導する『社会建設』に貢献すべく再定義する動きであった」からです（辻中豊・李景鵬・小嶋華津子『現代中国の市民社会・利益団体――比較の中の中国』、27頁）。

つまり、中国共産党自身がＮＧＯなどの「市民社会（団体）」を、共産党に導かれ、その意志に貢献する存在とみなしている、あるいはそのようにみなされた「市民社会(団体)」だけが存在を許されているのではないか、ということです。そのことをわかりやすく示しているのが、中国において「農民工(農村からの出稼ぎ労働者)」に代表される、底辺労働者の権利を擁護する役割を果たしてきた、労働NGOが置かれてきた厳しい状況でしょう。

中国、特に低賃金の農民工が多い珠江《しゅこう》デルタなどにおける労使紛争の解決においては、これまでNGOが大きな役割を果たしてきました。これは、中国で労働組合にあたる「工《こう》会《かい》」が、基本的に共産党の「助手」としてその労働政策を支えるものになっており、労働者にとっては自らの利益を代表する組織とはみなされてこなかったことの裏返しです。

中国で労働組合にあたる「工会」は、その全国組織である中華全国総工会の規約(2008年改正)に「中国共産党の指導する労働者が自ら結成する労働者階級の大衆組織であり、党が労働者と連携する際の橋梁、紐帯、国家政権の重要な支柱」であると定められているとおり、共産党の「助手」として労働政策を支える役割を果たしてきました。労使間の紛争が生じたときも、工会の姿勢は雇用者・被雇用者双方の立場に配慮したものにならざるを得ず、労働者の間で自らの利益代表とはみなされてこなかったのです。

このため、珠江デルタの経済発展を支えてきた農民工をはじめとする非正規労働者の置かれた厳しい労働環境の改善は、もっぱら香港や海外ともつながりを持つ労働ＮＧＯによって担われてきました。これらの労働ＮＧＯは、労働者に法律面でのサポートを行ったり労使の仲介を行ったりするなど、工会の機能を補完する存在として、基本的に政府からもその活動を黙認されてきた存在でした。

しかし近年、体制の安定的な維持にとって不安材料である農民工の動向に党と政府が敏感に対応するようになった結果、強制的な閉鎖が相次ぐなど、労働ＮＧＯは厳しい状況に追い込まれるようになります。２０１５年12月には、広東省広州《こうしゅう》市、仏山《ぶつざん》市で労働争議などの解決に携わってきた労働ＮＧＯの幹部十名余りが、横領や社会秩序のかく乱などの容疑をかけられ、当局に拘束・逮捕されるという事件も起きています。

投げかけられた未解決の問題

以上のような中国の「市民社会（団体）」をめぐる状況への批判に対して、李は、その近著の中で、著名な中国思想史研究者である溝口雄三《みぞぐちゆうぞう》の議論を援用しつつ、中国の市民社会における「公共性」概念として、「天理」概念に代表される儒教思想が重要な役割を果たすと述べています。すなわち、「中国の公観念には、『天』の観念が色濃く浸透しており、それは古来の『天理』、すなわち『万民の均等的生存』という絶対的原理に基づく。政府、国家も、世間や社会、共同も『天理』を外れてはならない」「公共性を担う存在として、国家も市民社会もその正当性は所与のものではなく、『天理に適う』ことによって担保される。天理に適う役割を示さなければ、公共性を担う資格（権威）が認められない」（『下から構築される中国──「中国的市民社会」のリアリティ』、299頁）というわけです。

現代中国社会では、格差の拡大や大気汚染などの公害や役人の汚職の蔓延《まんえん》といった現象について、人々が「私利私欲」を追求するあまり、「公」的なもの（「公共性」）をないがしろにした結果だ、という指摘がしばしばなされてきました。また、習近平政権が大々的に行った「反腐敗キャンペーン」に象徴されるように、中国共産党はそこに「公共性」のタガをはめようとその「領導権」を通じて積極的な介入を行っています。

第3章で取り上げた社会信用システムの実施にあたっても、何度か言及した「社会信用システム建設計画綱要」では、「伝統的美徳を内在した相互信頼の文化理念を樹立する」といった、ある社会的行動について、それらが「道徳的」であるか否かを評価し、「非道徳的な行為」には刑罰よりも緩やかなサンクション（社会的制裁）を与える、といった姿勢が明確に示されています。

これらのキャンペーンや政策が、その苛烈さにもかかわらず広く人々の支持を得ているのは、限度を超えた「私利私欲」の追求が横行する現代社会において、何らかの「公共性」を実現するためには党の権力に頼らざるを得ない、と多くの人々が考えているからではないでしょうか。

もっとも、このような伝統概念によって「市民社会(団体)」の正統性を裏づけようという試みが行われること自体、中国のような非西洋社会において、私的利益の基盤の上に「公共性」を打ち立てることの困難さを物語っているように思えます。中国における「公共性」の観念が「天理」概念に代表される儒教思想によって支えられているのだとすれば、後述するような日本の「市民社会派マルクス主義者」たちが日本社会を対象に指摘した、社会の近代化が「個」が確立した自立的市民によって担われてこなかった、という問題提起が、そのまま中国社会にも当てはまると考えられるからです。つまり、経済発展によって解放された「私利私欲」の追求と、「公益」との両立をどのように実現するか、という近代ヨーロッパで生じた課題が、いまだ未解決のまま投げかけられているということです。

「アジア」社会と市民社会論

「市民社会」をめぐる問題の扱いが非常に難しいのは、何も中国だけではありません。日本でも、この用語をどのように社会変革に結びつけるかという点をめぐって、盛んな論争が繰り広げられてきました。

これは1つには、本章の冒頭で述べたように地域、および歴史的文脈においてもともと異なった概念を表していた別々の用語が、今日の日本では「市民社会」という言葉で総称されていることに起因しています。そしてこのことは、日本の社会科学の発展の中で、マルクス主義が大きな役割を果たし、それゆえに「市民社会」概念の受容が独特のバイアスを持って行われたことと深く結びつき、独特の複雑さをもたらしてきたのです。

まず、昭和初期にあった「日本資本主義論争」と呼ばれている論争を振り返っておきましょう。戦前・戦後を通じて日本共産党の主流を形成した「講座派マルクス主義」は、日本の現状を、「封建的な前近代性」の残存によって近代資本主義の普遍的な発展コースから逸脱したものと捉え、資本主義の正常な発展とその先の社会主義革命を実現させるために、日本社会に残る前近代性(封建遺制)の払拭を目指そうとしました。

この前提として、日本には特殊日本的な「資本主義社会」は存在するが、ヨーロッパ的な「市民社会」はそれが「公民社会(civil society)であれ「自由な経済社会(die bürgerliche Gesellschaft)」であれまだ存在しない、という講座派特有の認識が存在しました。したがって当面する変革の課題は、「ブルジョア民主主義革命」によってヨーロッパ的な「市民社会」を実現させることであり、社会主義革命を起こすのはそのあと、ということになります(「二段階革命論」)。

一方、日本社会にも普遍的な資本主義のロジックが貫徹することを主張し、講座派の「二段階革命論」を批判したのが「労農派」の論客でした。両者の間で戦わされた「日本資本主義論争」は、今日から見れば単に左翼陣営内の路線対立にとどまらず、日本などアジアの後進国が欧米と同じような普遍的な近代化の道をたどるのか、それとも独自の近代化の道がありうるのか、という点をめぐる社会科学上の大きな課題を含む論争でもありました。

さて、講座派に代表される、日本社会を批判的に眺める基準として「市民社会」、すなわち西洋的な近代社会を想定する姿勢は、戦後の社会科学者たちにも引き継がれました。すなわち、ヨーロッパの資本主義の発展が「自由・平等・自立的個人」を持った「市民社会」を生み出したのに対して、日本では近代化が民衆による自発的な要求ではなく、国家主導で「上から」行われたため、まだ十分に成熟した「市民社会」が成立していないという主張が内田義彦《うちだよしひこ》、平田清明《ひらたきよあき》といった「市民社会派マルクス主義者」と呼ばれた知識人たちによってなされたのです。

この市民社会派によって、「市民社会」という概念は「人々が相互に尊重し合い、理性にもとづいて対等に対話を行うことを通じて、公共問題を自主的に解決していこうとする社会」、すなわち「めざすべき善き社会」ともいうべき規範的ニュアンスを含むことになります。

市民社会派の議論のもう1つの特徴は、国家と「市民社会」を対立的に捉えようとする姿勢です。そこには、明治以来の日本の近代化が、国家主導の「上からの資本主義化」として行われたため、アダム・スミスが理念型として示したような「アントレプレナー（企業家）」による「下からの近代化」を通じた「市民社会」の形成が阻害された、という問題意識がありました。

その背景として、戦前の日本が最終的に非合理的な対英米開戦に突き進み、「滅私奉公《めっしほうこう》」的な総動員体制にいたったことに対する痛切な反省の念を指摘することもできるでしょう。例えば、市民社会派マルクス主義の代表的な論客の1人である平田清明は、『市民社会と社会主義』の中で、次のように述べています。

「日本をふくむアジアでは、個体の肯定的理解が成立しないのだ。個体は、共同体におのれを帰一させせつくす（滅私奉公）か、己が私的利益の追求に汲々たる人間である（我利我利）かのいずれかなのである」（同書、146頁）。

つまり、日本社会の中のアジア的なものが市民社会形成にとっての大きな障害となっており、それを打破することが重要である、という議論を行っているわけです。これは天皇制を始めとする戦前の封建的遺制を打破しなければ、きちんとした資本主義が生まれないという、講座派マルクス主義の問題意識にもつながっています。

もっとも、これらは最近では正面切っては展開しにくい議論になっています。1つには、こういった「日本はアジアだから○○なのだ」という議論が、本質主義的な文化決定論であるという批判を浴びるようになってきたことが挙げられます。もう1つには、すでに述べたように1990年代以降、ハーバーマスの影響によって第三の社会領域としての「市民社会（団体）」が定義されるようになってくると、当然アジアにもNGOはあるわけですから、「アジアに市民社会は存在しない」などと言うと「そんな馬鹿なことはない」と批判を浴びることになるからです。つまり、アジアに市民社会が存在しないという議論は次第に時代遅れであるだけではなく、政治的に正しくない、というレッテルを貼られるようになっていったわけです。

「アジア社会」特有の問題

確かに、「市民社会」という言葉を「NGO」なり「ブルジョワ社会」なりの何らかの実体を持ったものとして規定した上で、それが「アジアには存在しない」などと主張するのであれば、その議論は非常に違和感を持って受け止められるのもやむをえないでしょう。ただ、筆者は、「第三領域」としての市民社会論ではうまく捉えられない、「市民社会」に関するアジア社会特有の問題、というものはやはり存在する、と考えています。ただ、それは何らかの実体として存在する、というより、「国家」と「民間」の関係性や、「公共性」と「私的利益」の関係性などに注目しながら、歴史的な背景から捉え直していくことによって初めて見えてくるものだと言ったほうがよさそうです。

言い換えれば、人々の私的利益の基盤の上に公共性を築くことが、近代西洋から受け継がれてきた「市民社会」、あるいはより適切な用語を使えば「市民的公共性」の根本的な課題であるとしたら、その課題の実現が（西洋社会に比べて）著《いちじる》しく困難である、というところに、中国を含む「アジア的社会」がこれまで、そして現在にいたるまで抱えている問題は集約されるのではないか、ということです。

例えば、典型的な事例として、習近平政権になってから大々的に繰り広げられた「反腐敗キャンペーン」が挙げられると思います。これは、第4章でも紹介したように私的利益を貪《むさぼ》っている役人や政治家を、習近平主席が共産党の規律委員会を通じて厳しく取り締まり、それを通じて「公共性」を実現する、という政治的キャンペーンです。この一連の動きが非常に特徴的なのは、そこで実現される「公共性」が、あくまで私的利益の外部にあり、さらにそれを否定するものであるということです。ここには、「共産党こそが民意という『天理』を体現した存在である」という儒教的道徳に通じる統治観が見られます。

それに対し、市民社会派マルクス主義が依拠しているヘーゲルあるいはマルクスの「市民社会」に関する議論には、個々の市民が私的利益をお互いに追求していく中で生じる対立を止揚して、国家や「アソシエーション（自由な市民たちが共通の関心や目的に応じて設立した集団）」といったものをつくり上げなければならない、という問題意識があります。つまり、中国のようなアジア社会とは鮮やかな対照をなす西洋社会の特徴は、私的利益を単に否定的な対象として見るのではなく、その基盤の上に公共的なものを立ち上げるあり方にこそあるのです。

「公論としての法」と「ルールとしての法」

中国社会において、公的なものと私的なものが分裂しがちであるといった議論は、決して筆者が思いつきで述べているものではありません。例えば中国史研究の伝統の中では、比較的繰り返し議論されてきたものです。

代表的な議論をいくつか紹介しましょう。1つ目は、明清期の中国の法制史を専門とする寺田浩明《てらだひろあき》によるものです。寺田は、研究の集大成である『中国法制史』の中で、中国においては法概念というものが「公論としての法」として規定できる、と述べています。「公論としての法」というのは、西洋起源の「ルールとしての法」に対比される形で理解されるものです。後者は、普遍的なルールが抽象された形で存在しており、それが個別案件に強制的に適応されていく、というロジックによって組み立てられています。それによって法秩序というものが形成されていく、そのプロセスが「ルールとしての法」の特徴だ、というわけです。

それに対して前者の「公論としての法」では、あくまでも個別案件において「公平な裁き」を実現していくことが重視されます。ここで言う「公平な裁き」は、案件ごとに異なる個別の事情や社会情勢を考慮して初めて実現されるものです。したがって、それらの事情・情理を考慮せず、機械的にルール＝法を適用することは、むしろ否定の対象になります。だからこそ、そういった「公平な裁き」を実現できるのは、教養を積んで人格的にも優れている一部の人だけだ、となるわけです。

さらに同書が興味深いのは、このような「法」の社会に占める位置づけから生じてくる、西洋あるいは日本とは異なる中国社会の様々な特質についても詳しく考察し、分析を加えている点です。例えば同書において寺田は、伝統中国の社会秩序は、あくまでも経済利益によって支えられた個別的な契約関係の「束」として形成されるものであり、強固な団体的結びつきを欠いた「持ち寄り型の秩序」である、と述べています。

これは、かつての西洋ならびに日本において存在していた、伝統的な農村社会における「村落共同体」の欠如によって特徴づけられるものです。このような個別的な契約関係を「持ち寄る」ことによって秩序が保たれている社会のあり方は、明らかに「法」が個別の事情や社会情勢を超越した「普遍的なルール」としての機能を持たない、「公論としての法」のあり方と対応しています。

公権力と社会の関係性

このような社会秩序の下では、公権力と社会の関係性も、西洋社会におけるそれとは自ずと違ったものにならざるを得ません。すなわち、後者では社会の中にある規則性を市民たちが自覚的に取り出して明文化し、それを市民が従うべき規範として権力が再定位するという一連のプロセスに権力の正当性が見いだされます。それに対し、法秩序があくまでも「個別的案件の持ち寄り」として処理され、その「公平性」のよりどころも公平有徳な大人という個別的・俗人的な存在に依拠してきた中国社会では、西洋社会のような「治者と被治者の一体性」は成立しえない、ということになります。

もちろん、明清時代の法制史に関する寺田の議論を現代に直接当てはめることにはそれなりの慎重さが必要でしょう。それでも現代中国の政治や経済の動きを考える上で、示唆に富むものであることは間違いないと思います。というのも、先述のような習近平政権により実施された「反腐敗キャンペーン」に見られるように、私的利益のみを追求してやまない人々を、「高い徳をもった統治者」がどのように正しく導いていくか、という問題意識は、現代の中国社会にも依然として広く共有されているものだからです。

同じようなことを、別の観点から述べているのが、やはり前近代の中国社会に対する研究をベースに近年精力的に著作を発表している岡本隆司《おかもとたかし》です。岡本は、近著『世界史序説――アジア史から一望する』の中で、「君主と臣民が一体化する」ことに西洋における支配のあり方の特徴を求めた上で、アジアではそういった君民が一体になる構造にはならなかった、そういった統治体制はなかなか形成されなかったという議論を展開しています。すなわち、アジアにおいては生態系が多様であり、「(政治・経済をそれぞれ多元的な主体が担っているため)、全体が一体に還元できないし、全体を律する法制も存在しえない。厳密な意味で官民一体の『法の支配』が、機能しないのである」(同書、240頁)というわけです。

その根底にあるのは、民俗学者の梅棹忠夫《うめさおただお》が展開したような、いわゆる生態史観的な考え方です。そこから、近代世界経済は、「貿易・金融と生産を一体化し、さらにそれを政治軍事と一体化した構造体であって、その核心に君臣・官民を一体とする『法の支配』が存在」(同書、237~238頁)する法治国家というシステムをつくりあげた西欧にしか出現しえなかった、という結論が導かれることになります。

先ほど、アジアにおいて市民社会を議論する際に何か特定の存在、つまりNGOなどに注目するのではなく、「公」と「私」、あるいは「民間」と「国家」の関係性にこそ注目すべきだ、ということを述べました。すなわち、たとえフィクションであっても、君臣・官民が一体化していることを前提とした統治が実現されているのか、あるいはそうではないのか。これは、社会の「公正さ」を実現するルールが、何らかの形で抽象化され、その結果、民間活動の統制だけでなくて、権力自体を縛るような構造が実現されているのかどうかといった点にも直接関わってくる、重要な問題ではないでしょうか。

2つの「民主」概念

さて、このように中国において官民一体となった統治が機能していないという問題は、中国社会の「民主化」を論じることの困難さとも直接結びついています。これは、「民主」という言葉が、中国において「政治的権利の平等」と同時に「経済的平等」も意味するという二重性を常に伴ってきたことと関係します。

つまり大まかに言って欧米近代思想に起源を持つ、政治的権利の平等と権力の分散化を意味する民主化（以下、「民主Ⅰ」）の要求と、中国の伝統思想に起源を持つ、経済的平等化とパターナリスティックな独裁権力によるその実現を意味する民主化（同じく「民主Ⅱ」）の要求が常に存在したのです（表5－1参照）。

種類	担い手	要求するもの	権力への姿勢
民主Ⅰ	右派 （リベラリスト）	政治的権利の平等	権力の抑制、「法の支配」への志向
民主Ⅱ	左派 （ナショナリスト）	経済的平等	強い権力によるパターナリズムを志向

表5–1　中国における2つの民主主義（筆者作成）

この背景として、「経済的平等化」を求める思想が、「民意」を伝統的な「天理」あるいは「天下」といった概念で読み替えることによって得られる、いわば中国独自の「民主」理解によって支えられてきたことが重要だと思います。

まず「民主Ⅰ」について整理をしておきましょう。19世紀フランスの思想家アレクシ・ド・トクヴィルは、近代以降の民主的な社会の本質を、人々が古い身分制度から解き放たれて「同じ権利を持つ人間」として扱われる、すなわち政治的権利の「平等化」に求めました。フランス政治思想史が専門の宇野重規《うのしげき》は、トクヴィルの言う「平等化」を、近代化によって、それまでは「違う種類の人間」と感じられていたものが「同じ人間」の範疇《はんちゅう》に入ってくるという、人々の「想像力の変容」を伴うものだった、と説明しています。

それまで政治の決定過程から排除されてきた人々が「俺たちも政治に参加させろ」と何らかのアクションをとることにより、政府も相手のことを一方的な権力行使の対象ではなく、「同じ人間」とみなして何らかのリアクションをとる、すなわちアカウンタビリティ（説明責任）を果たさざるを得なくなるわけです。

一方の「民主Ⅱ」はどうでしょうか。例えば2012年、尖閣問題をめぐる日中間の摩擦が高まる中で、農村出身の出稼ぎ労働者（農民工）が中心になって、毛沢東の肖像を掲げて反日デモ・暴動に参加するという光景が見られました。そこには、自分たちが直面する不平等への不満、すなわち経済的平等の実現を求める「民主Ⅱ」への志向が明確に存在したと言ってよいでしょう。

このほかにも、住民の政治参加が制度化されていない中国大陸、特に農村部ではいわゆる「上訪《シャンファン》」「信訪《シンファン》」すなわち上級政府への陳情や、「群体性《ぐんたいせい》事件」と呼ばれる直接的なデモ行動が、住民が政府への不満を表明する手段として多発してきました。近年話題になった「群体性事件」としては、農地開発の利益配分をめぐって末端の地方政府と村民との間に対立が生じ、政府幹部による決定の違法性を集団で訴えた村民と武装警察との間の衝突で多くの負傷者が出るなどした、広東省の烏坎村の事例などがあります（第4章参照）。

そこで注意しなければならないのは、このような経済面での「平等化」と、トクヴィルの強調した政治的権利の「平等化」とでは、特に権力との関係において反対方向のベクトルが働くという点です。

そのため端的に言えば、中国社会においては往々にして、前者の「政治的権利の平等」を要求する立場(リベラリズム)が、後者の「経済的平等化」を要求する声にかき消されるか、あるいは政権によってあからさまな弾圧が加えられる、という状況が生じてきました。

経済面での「平等化」、すなわち再分配を行うには大きな国家権力による介入を必要とします。したがって、経済面における「平等化」の要求は、国家権力を制限するのではなく、むしろパターナリズムを容認し、強化させるほうに働きがちです。上述のように「群体性事件」と呼ばれる直接的なデモ行動や陳情行為が、しばしばより高い政治的地位にある「慈悲深い指導者へのお願い」の形をとるのはその象徴です。

「生民」による生存権の要求

以上のようなことを考えると、「民主Ⅱ」の主体として想定されているのは、近代的な市民社会の担い手というより、「生存を天に依拠する民」という意味を持つ「生民」という言葉で表されるもののほうがふさわしいかもしれません。

溝口雄三によれば、このような「生民」たちの生存権が偏りなく、充足している状態を重視する思想は、「少数者の専制（＝私）」に対して「多数者の利益（＝公、天下）」を対比させ、後者を善きものとみなす思想と結びついて、伝統中国社会に広く息づいてきました。先ほど「経済的平等」を求める思想が、「民意」を「天理」などの概念で読み替える中国独自の「民主」理解によって支えられてきたと述べたのは、まさにこうした意味においてです。

さらに溝口は、そのような「生民の生存権（生民権）」の実現を重視する思想は、近代以降の中国社会におけるラジカルな社会変動――中国革命から文化大革命に至る――の原動力にもなってきたと言います。すなわち、「個人の私有財産権というものを原理的に確立するというよりは、それを抑圧する方向に中国の生民権は向かった」「それは貧富を均にするという経済的平等に向かって発展し、この生民権は民生主義という独自の主義をつくりあげた。そしてまた、政治的には、ブルジョア的自由を否定するプロレタリア独裁の公式を根づかせるための伝統的土壌ともなったのである」（『中国の公と私』、２２５～２２６頁）というわけです。

中国社会において、現在にいたるまで「民主化」のあり方として経済的平等化の実現を掲げる「民主Ⅱ」への明らかな偏りが見られ、その結果として、ともすれば普遍的な人権、なかんずく自由権の保証はないがしろにされがちであるのも、このような伝統的価値観が現在もなお息づいていることを前提として初めて理解できる現象ではないでしょうか。

「監視社会」における「公」と「私」

さて、これまで見てきたような「公」と「私」、あるいは「民間」と「国家」の関係に注目すべしという話は、本書の主題である中国の「監視社会化」を考える上でも避けて通れない論点を提供していると考えています。

第3章で述べたような「市民による政府の『監視』を監視する」ことが重要だ、という近年の監視社会論におけるテーゼは、そもそも国家権力に「民意」が反映されている、具体的には民主的な制度によって政府の代表が選ばれていることが前提になっています。しかし本章では、そのような「公」と「民」の一体化が困難であるところに中国社会の特徴があるということを見てきたからです。

もちろん、中国における「監視社会」化の進行を、欧米や日本におけるそれとはまったく異質な、おぞましいディストピアの到来として「他者化」してしまう短絡的な姿勢は厳に慎《つつし》むべきでしょう。「監視社会」が現代社会において人々に受け入れられてきた背景が利便性・安全性と個人のプライバシーとのトレードオフにおいて、前者をより優先させる、功利主義的な姿勢にあるとしたら、中国におけるその受容と「西側先進諸国」におけるそれとの間に、明確に線を引くことはどう考えても困難だからです。

むしろ、テクノロジーによる管理・監視社会化の進化によって社会の「公」的な領域と「私」的な領域の関係性が揺らぎつつある現在、私たちはむしろ、私的な経済利益を追求する存在としての「ブルジョワ(bourgeois)」と、より抽象的な人倫的理念を追求する「シトワイヤン(citoyen)」との分裂をいかに克服するか、という古くて新しい問題群に改めて直面している、というべきではないでしょうか。次章で詳しく見るように、いま中国で起こっていることは、まさにそのことを私たちに突きつけているのです。

第6章　幸福な監視国家のゆくえ

功利主義と監視社会

これまでの章で、統治のためのさまざまなテクノロジーや、「向社会的行動（社会的に望ましい行い）」に対する動機づけを提供する信用スコアなどのレイティングシステムの浸透によって、近年の中国社会、特に大都市は「お行儀がよくて予測可能な社会」になりつつあるのではないか、ということを述べてきました。

もちろん、こうした現状認識自体への異論もありうるでしょう。ですが、ここでは以上のような中国社会の変化が実際に起きていることを認めた上で、そういった（広い意味での）「監視を通じた社会秩序の実現」について考えてみたいと思います。

まずこういった動きを基本的に肯定する、あるいはそこに裏づけを与えるような思想について検討しましょう。監視社会化を肯定するような思想なんて存在するのか、と思われたかもしれません。ここで想定しているのは、私たちにとって比較的身近な考え方、すなわち「功利主義」です。この功利主義の考え方を推し進めていくと、究極的には監視社会化を肯定せざるを得ないところに行きつくのではないか、という話をしたいと思います。

さて、功利主義の主張のコアの部分は、①帰結主義、②幸福（厚生）主義、③集計主義という3つの要素に帰着します。①の帰結主義は、ある行為の（道徳的）「正しさ」は、その行為選択の結果生じる事態の良し悪しのみによって決まる、という考え方です。②の幸福主義は、道徳的な善悪は社会を構成するひとりひとりの個人が感じる主観的幸福（厚生）のみによって決まり、それ以外の要素は本質的ではない、とする考え方のことです。そして③の集計主義は、社会状態の良し悪しや行為選択の（道徳的）「正しさ」は、社会を構成するひとりひとりの個人が感じる幸福の総量によって決まる、という考え方です。

では、なぜこれが監視社会を肯定する思想になるのでしょうか。統治思想としての功利主義を再評価する法哲学者の安藤馨《あんどうかおる》の言葉を借りれば、「功利主義によれば諸個人の自由や自律といったものは統治者が何を為すべきかに於いては本質的に無関連《イレレヴァント》」であり、そのため「そうした方が結局は幸福の総計の最大化に資すると思うならば、諸個人の自由や自立を侵害するような統治や立法をよしとするだろう」からです（「功利主義と自由――統治と監視の幸福な関係」『自由への問い4　コミュニケーション――自由な情報空間とは何か』北田暁大編、74頁）。

安藤はまた、監視テクノロジーの進歩により、例えば犯罪や暴力的行為の予防的措置が可能になり、それが人々の身体の拘束の機会をむしろ減らす可能性があることを挙げて、このように指摘しています。

「仮に監視技術が発達し、当該の行為に及ぶ前に（中略）それを制止できるようになれば、物理的に刑務所やその他の施設に閉じ込めておくことで事前規制を実行するという方法を採る必要はなくなる。監視による事前規制は彼らの自由を大幅に回復し、厚生の増大に資するに違いない。監視こそがむしろ彼らを自由にする」（同書、89頁）

つまり、個人の属性や行動パターンによって反社会的行動を取りそうな人たちに対しては、あらかじめ行動の自由を奪っておくことが、違法行為を犯して刑務所に入れられる可能性を減らすので、むしろその人たちのためになる、というわけです。

第3章で触れたように、中国ではすでに「信用度の低い」個人や企業（「失信被執行人」）のブラックリストが公表され、銀行からの融資が受けられない、自家用車や不動産の購入ができない、さらには飛行機や鉄道の1等車のチケットが買えないといった行政措置を受ける動きが広がっていますが、その背景には基本的に、このようなある種の功利主義に基づくパターナリスティックな思想があるように思います。ある社会的行動について、厳密な「合法性」ではなく、それらが「道徳的」であるか否かを評価し、「非道徳的な行為」には刑罰よりも緩やかなサンクション（制裁）を与えることで解決を図ろう、という姿勢がそこには見られるからです。

社会学者の堀内進之介《ほりうちしんのすけ》も、中国政府は社会信用システムの導入を通じて公衆による政府の政策決定への参加のチャンネルを広げることや、権力の運用に対する社会的監督と制約を強化することもうたっており、そこにはむしろ伝統的な儒教の道徳的美徳が示されているのではないか、と指摘しています。前章で述べたように、儒教の道徳的美徳は、まず何よりも為政者や官僚に、庶民の範となるような高い道徳性を求めるものだからです。

心の二重過程理論と道徳的ジレンマ

功利主義の考え方について、もう少し議論を進めてみましょう。著述家の吉川浩満《よしかわひろみつ》は、著書『人間の解剖はサルの解剖のための鍵である』の中で、このような功利主義を「優れたディストピア小説に似ている」(同書、98頁)と、人々の感情を逆なでする側面を持ちながらも圧倒的なリアリティを持つ思想として紹介しています。そして、現在において功利主義に「追い風が吹いている」ことの背景として、「自己責任」を強調する時代の風潮や、AI関連技術の発展という技術環境の変化に加え、「道徳(公共心)の科学的解明」が進んできたことを挙げています。

ここで言う「道徳(公共心)の科学的解明」とは、道徳的な善悪の判断や正義(感)といった、それまでは哲学とか倫理学の対象だと思われていた領域であっても、科学的な方法によって扱うことができる、より具体的に言うと進化心理学や認知科学の枠組みを用いて、その成り立ちを説明できるとする議論が次第に広がってきた事態を指します。

そういった理論の中でも代表的なものとして、いわゆる「心の二重過程理論」がありうす。これはエイモス・トベルスキーと共に「プロスペクト理論」の提唱者として知られ、2002年にノーベル経済学賞を受賞したダニエル・カーネマンによる『ファスト&スロー――あなたの意思はどのように決まるか?』という本で一般にもよく知られるようになった議論で、行動経済学の知見がベースとなっています。

二重過程理論では、人間の脳内に「システム1（速いシステム）」と「システム2（遅いシステム）」という2つの異なる認知システムを想定します。前者は演算能力をそれほど必要とせず、迅速な判断が可能、そして自動的かつ無意識的かつ非言語的に機能します。それに対し後者は、より多くの演算能力を必要とし、意識的・言語的な集中を要するシステムです。

この2つのシステムは、人間が環境に適応する上で必然的に進化してきたものだという説が次第に有力になっています。つまり、自動的・無意識的に働くシステム1のほうは、個体というより種、あるいは遺伝子の利益を最大化するように作動する、脳の古い部分による処理システムです。ただし、このシステムは融通が利かず、環境のちょっとした変化に柔軟に対応できないため、しばしば個体を危険にさらすような誤りを犯します。一方、脳の新しい部分において作動するシステム2は、個体の利益・生存可能性を最大化するように、環境の変化に対してもより柔軟に対応できるような性質を兼ね備えている、というわけです。

ただし、通常人間はこの2つのシステムを自在に使い分けることができるわけではありません。特に、個体の利益を守るために合理的な判断を行うシステム2をきちんと作動させるには、かなりの訓練や努力、集中力などを必要とします。油断をすると、より「楽に作動する」システム1のほうが優勢になり（ヒューリスティック・バイアス）、非合理的な誤りを犯しがちなのはそのためです。

人類の進化と倫理観

進化心理学や認知科学の成果によって明らかになってきたもう1つの重要な知見として、一般の人々が行う道徳的な善悪の判断の多くは「システム1」に依存している、というものが挙げられます。

この知見を現実社会における様々な倫理問題に当てはめ、詳細な議論を行っているのが、哲学者ジョシュア・グリーンによる『モラル・トライブズ——共存の道徳哲学へ』です。グリーンは、上述のシステム1を乗り物の運転における「オートモード」、そしてシステム2を「マニュアルモード」になぞらえます。その上で、私たちが行う道徳的な善悪を判断する際にも、オートモードによって駆動する「道徳感情」と、マニュアルモードに基づいて冷静に判断する「功利主義」の2つのシステムが働くのだ、と主張します。

グリーンによれば、前者の道徳感情は、共同体内の裏切り者やフリーライダーにサンクションを与え、「共有地の悲劇」（共同体の構成員が牧草地で家畜を飼いすぎる、あるいは魚を取り尽くすなどの自己利益のみを追求した結果、最悪の結果を招いてしまうこと）を解決するために不可欠な性質として人類に受け継がれてきました。

しかし、それは同時に、異なる道徳感情の基準を持つ「部族（tribe）」同士の、激しい抗争をもたらしてしまうものでもあります。グリーンはこのような道徳感情の強さが争いを呼んでしまうジレンマを「共有地の悲劇」になぞらえ、「常識的道徳の悲劇」と呼んでいます。

そこで、冷静かつ合理的にお互いの損得に基づいて道徳的な正しさを決めようと主張する功利主義こそが、このような部族間の道徳感情の対立を調停し、「常識的道徳の悲劇」を回避するのに有用な思考として、一種の公共財(「共通通貨」)の役割を果たす、とグリーンは主張するのです。

グリーンは、オートモードの「道徳感情」と、マニュアルモードの「功利主義」とがしばしば対立することの根拠として、「トロッコ問題」と言われる思考実験について詳しい考察を行っています。これは、行動経済学や二重過程論を解説した本の中には必ず出てくるもので、さまざまなバージョンがありますが、大略は次のようなものです。

すなわち、ブレーキのついていないトロッコが勢いよく線路を走っていく。その先には5人の作業員がいて、そのままだと確実にひき殺されてしまう。そのとき、たまたま歩道橋の上でその様子を見ていたあなたと、リュックを背負ったもう1人の人物がいたとして、あなたがその人を突き落として無理矢理トロッコを止め、5人の命を救うことは正当化されるか、という問題です。

あるいは別バージョンとして、あなたがトロッコの転轍機《てんてつき》のそばにいて、その方向を切り替えることによって5人の作業員を助けることはできるけれども、切り替えた先にいる

1人の作業員をひき殺してしまうという選択をしなければいけない、というものもあります。最初のケースの場合は、実際にやってしまうと現行の法律では明らかに殺人に当たってしまうわけですが、結果として犠牲になる人数は少なくて済みます。果してこういった行為を「罪」とみなす法律には合理的な根拠があるのか、という、いわば直感的な道徳感情と合理的な判断にもとづく功利主義とのジレンマを、上述のグリーンの本は議論しています。

人工知能に道徳的判断ができるか

道徳的なジレンマは、吉川の表現を借りると「いわば脳内で義務論的な直観と功利主義的な批判的思想が戦う状況」なのですが、その勝負の帰結は初めから明らかです。「もしゆっくり選べるのなら批判的な吟味が可能な功利主義的思考が選ばれるだろう」からです(『人間の解剖はサルの解剖のための鍵である』、101頁)。

しかし、このことは1つの疑問を私たちに投げかけることになります。功利主義は人間の合理的な思考、すなわちシステム2にもとづき道徳的な善悪を判断する思考です。このシステム2は作動するのに大きなコストがかかり、しかも完全ではありません。先述の通

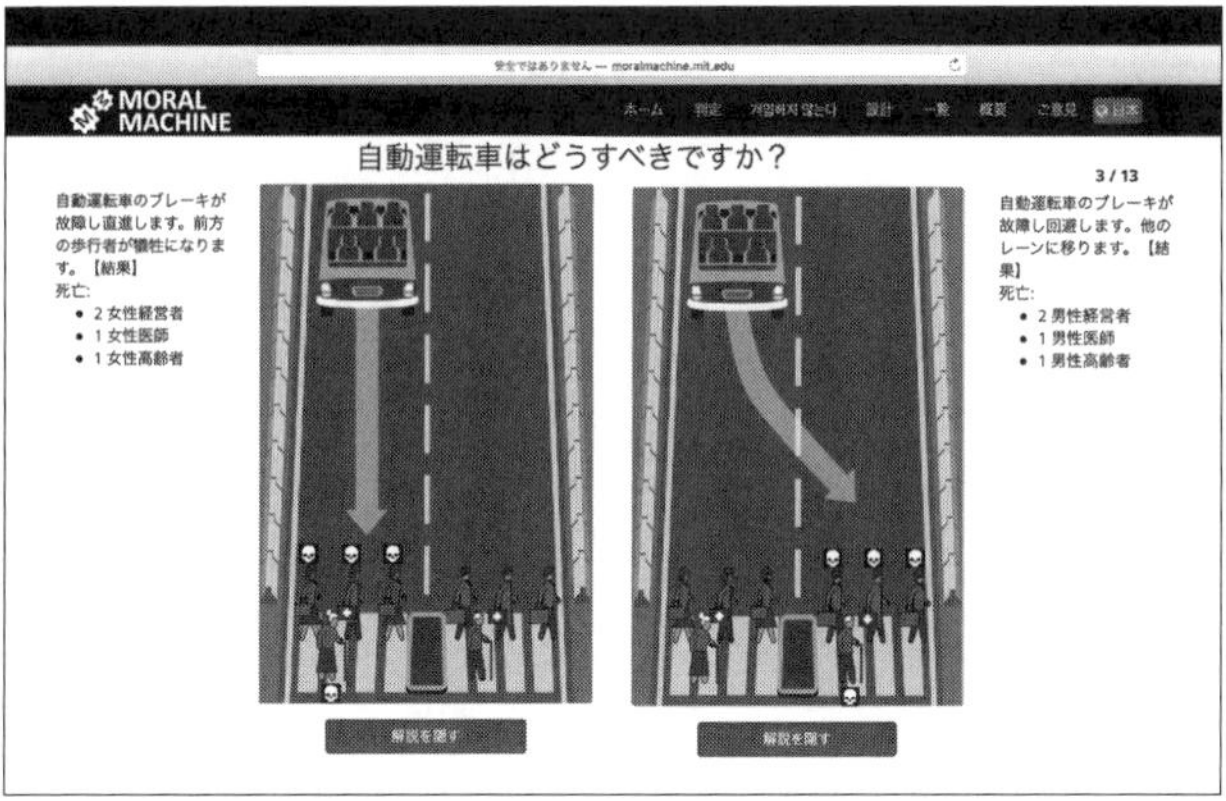

図6–1　モラルマシーン実験
出典：Moral Machine（日本語版）　http://moralmachine.mit.edu/hl/ja

り、個体の利益を守る合理的な判断を行うには、かなりの訓練や努力、集中力などが必要となるからです。だとしたら、いっそのこと初めからＡＩに任せてしまったほうが、より正しい道徳的判断ができるのではないでしょうか。

このような問題意識にもとづいた思考実験は、すでに大学などの研究機関で盛んに行われています。「トロッコ問題」のような思考実験によって得られる知見は、例えば自動運転技術を社会実装する際のアルゴリズム——走行中に障害物に衝突しそうになった時にどのような行動をとるべきか——を決定する際の一つの基準を与えるものとして議論されるようになっています（図6-1参照）。

また、マサチューセッツ工科大学（MIT）の研究グループがこういった自動運転に関する思考実験を、インターネットで不特定多数の人々を対象に実施したところ、事故によって犠牲になってもよい対象を選ぶ際に「人数」「信号を無視したかどうか」「年齢」「性別」「社会的地位」などの基準のうち、どれを重視するかは地域によって大きな違いがあるという結果が得られています。

このような実験による分析結果のデータをもとに、各国における自動運転のアルゴリズムが決定されるとしたら、それが導入された社会では交通事故の可能性が低くなるだけでなく、仮に事故が起きたとしても「万人に納得がいく」形で犠牲者が死んでくれる、すなわちより道徳的なストレスの少ないものになるはずです。

そして、道徳的な善悪の基準について帰結主義を採用する、すなわちある選択肢が望ましいとして、それを実現する手段については問わない功利主義は、このようなAIの判断により次第にストレスが軽減していく社会の変化を、強力に後押しするイデオロギーとなることでしょう。

道具的合理性とメタ合理性

さて、以上で見てきた流れ、すなわち功利主義に基づいて道徳的判断の根拠が人間によるものから次第にAIによるものに置き換わっていく、という動きはもう止めようがないのでしょうか。そこにより深刻な問題が生じる可能性はないのでしょうか。

この点に関して重要な問題提起を行っている例として、やはり「心の二重過程理論」をリードしてきた研究者の1人である、キース・E・スタノヴィッチによる「道具的合理性とメタ合理性」に関する議論を紹介しましょう。

「道具的合理性」とは、あらかじめ決められた目的を達成しようとする場合に発揮される合理性のことです。これは、必ずしも人間にのみ備わった能力ではありません。例えば、チンパンジーに、手の届かないところにバナナがおいてあることを認識させた上で箱と棒を与えると、そのチンパンジーは箱の上に乗って棒を使い、バナナを手の届くところまで落とすことができる、ということが報告されています。

スタノヴィッチは、このような道具的合理性について、それが「人間としてのわたしたちが切実に求めるすべてだとしたら、人間の合理性は実際にチンパンジーの合理性とまったく同列のものとなるだろう」(『現代世界における意思決定と合理性』、256頁)と述べています。

しかし、スタノヴィッチも言うように、私たちの多くはそういったチンパンジー並みの合理性の水準で立ち止まることを望んでいないでしょう。そのような合理性、すなわち道具的合理性は、ある行為の目的自体が正しいものかどうか、例えば目の前にいる人の命を奪ってまでほかの複数の人々の命を救うことが本当に正しいのか、ということを決して問わないものです。

通常私たちは、自分が行う選択や行為の目的についても、ある一定の基準や価値観にもとづいて判断を下さずにはいられません。そういった道具的合理性よりも一歩高い地点から、目的自体の妥当性への判断を下す、より広い意味での合理性理論のことを、スタノヴィッチは「メタ合理性」と呼んでいます。

「メタ合理性」は私たちに、あらかじめ決められた目的の下で合理的に振る舞うことは、どんな場合に（より広い意味で）合理的であり、どんな場合に合理的ではないかを問いかけよ、と求めるものです。

スタノヴィッチに言わせれば、このように自分の選択を、その選択と自分あるいは社会の価値観との整合性にもとづいて批判的に吟味するメタ合理性を持つことができるかどうか、それがチンパンジーと人間（ヒューマン）を分かつものだ、ということになります。

端的に言えば、ＡＩが行う功利主義的な判断というのは、あくまでもあらかじめ目的が所与に決められた状況の下で、その実現を目指す「道具的合理性」にもとづいたものであって、それだけでは上述の「共有地の悲劇」に代表されるような、さまざまな社会問題を解決するのに十分ではない、という批判をスタノヴィッチは行っているわけです。

アルゴリズムにもとづく「もう1つの公共性」

以上の議論から、少なくとも私たちがより「人間らしい」社会を築こうとするなら、その制度やシステムは道具的合理性のみではなく、必ずメタ合理性が機能するように設計されていなければならない、ということが言えそうです。

それでは、私たちはそういうメタ合理性が十分機能するような社会の仕組みをどうつくっていけばいいのでしょうか。この問いの答えは比較的簡単です。私たちが慣れ親しんでいる近代的な統治システムや市民社会、すなわち「市民的公共性」が機能しているような社会は、少なくとも理念上は、そういったメタ合理性の基盤の上に成り立っているものだと考えられるからです。

つまり、ある社会にとってどういう目的を追求すべきなのか、ということを公共の場における議論を通じて吟味しながら、あるいは歴史の中で人々が試行錯誤しながら形成されてきた判断基準をもとに、より広い合理性の観点から判断するような仕組みが、法の支配や民主主義がきちんと機能している社会には本来備わっているはずです。

いま述べたようなメタ合理性による道具的合理性の吟味を意識して、「ヒューリスティック（直感的で素早いが間違いも多い、『人間臭い』やり方）ベースの生活世界」と「メタ合理性ベースのシステム」、および「道具的合理性ベースのシステム」との三者の関係を表現したものが、図6－2です。

図では同時に、生活世界に生きるひとりひとりの市民と、メタ合理性ベースのシステム（具体的には議会や内閣、NGOなど）との間におけるインタラクションのあり方を、いわゆる「市民的公共性」に当たるものとして捉えています。

ただし、現代社会では、市民と統治システムの間における独自の相互作用が、これまで見てきたように先進国・新興国を問わず市民的公共性とは異なる形で、次第に存在感を増しているのも確かです。それが図6－2の右側の部分、「アルゴリズム的公共性」として点線で囲っている部分です。

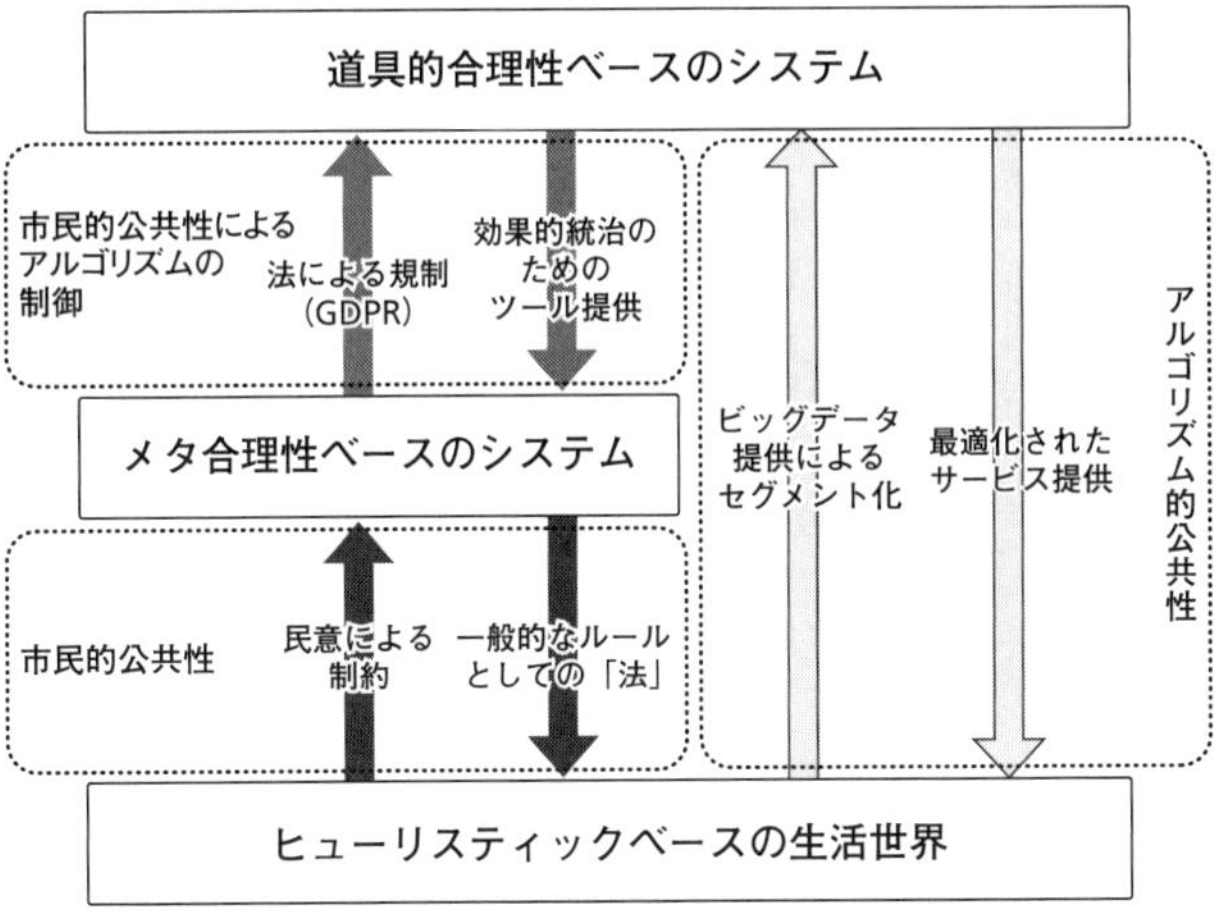

図6–2　2つの合理性と公共性（筆者作成）

これは、巨大ＩＴ企業、あるいは政府が人々の行動パターンや嗜好、そして欲望などをビッグデータとして吸い上げ、功利主義的な目的（「治安をよくする」「より豊かになる」など）の観点から望ましいとされる社会的なアーキテクチャをきめ細かく設計し、人々の正しい行動を制御していく、という双方向性を持った秩序形成のあり方を示しています。

記号学を専門とする石《いし》田《だ》英敬《ひでたか》は、批評家の東浩紀との共著の中で、ベルギーの政治学者ルーヴロアとベルンの論文に言及しながら、彼女らが唱えた「アルゴリズム的統治性」という概念を紹介しています。それは、「だれも監視していないけれど、しかし現実的にはすべてが監視されトレースされ、規制されうる『スマート』な体制のなかに置かれて」おり、「ひとりひとりの生が、アルゴリズムによってきめ細かくケアを施され人工知能によって管理され、生活は自動化され、すべてがスマート化された『ガラスの檻』の世界」のような統治のあり方を指しています（『新記号論——脳とメディアが出会うとき』、398〜399頁）。

この「アルゴリズム的統治性」という概念は図6-2の右の点線で囲った部分でイメージしたものと極めて似通っていますが、ここでは、「市民的公共性」の概念と対応させるために、「アルゴリズム的公共性」という言葉を使っておきます。

第3章で触れた「ナッジ」による社会制御のあり方も、基本的にこのようなアルゴリズム的公共性の枠組みから理解できるでしょう。例えば、民間企業によって提供されるナッジの典型的な例としては、アマゾンなどの通販サイトを利用すると表示される「おすすめ商品」が挙げられます。これは、人々の行動パターンや嗜好を一定のアルゴリズムで分析した結果、功利主義的に「よりよい選択」を提示し、人々を誘導していくものにほかなりません。

図6-2が示唆しているのは、アルゴリズム的公共性に支えられた道具的合理性ベース

のシステムを、市民的公共性に支えられたメタ合理性ベースのシステムによってなんとか制御し、その副作用を防いでいく、という可能性です。これが、これまでの人間中心主義的な近代社会のあり方と、テクノロジーの急速な進歩が生み出す新しい統治のあり方とを、何とか調和させることを可能にする、ほぼ唯一の方法だと言ってもいいかもしれません。

しかし、ここでいくつかの疑問が生じます。このようなメタ合理性を通じた市民的公共性とアルゴリズム的公共性との調和という理想は、AI技術の進歩と道徳の科学的解明により「功利主義に追い風が吹いている」状況の下で、どれだけ説得力を持つものなのでしょうか。

また、そもそも西欧社会で発展を遂げてきた「市民社会」「市民的公共性」の伝統を持たない新興国、端的には中国のような社会においては、なおさら図のようなメタ合理性を通じた道具的合理性（およびそれに支えられた新たな統治システム）を制御するという試みは、おぼつかないのではないでしょうか。

「アルゴリズム的公共性」とGDPR

図6－2で示した、「アルゴリズム的公共性」によって実現される統治とは、まさに「道

具的」に、人々の日常の購買行動やＳＮＳの書き込みなどをデータとして収集し、そのデータをある特定の目的に沿った手順によって処理することで、人々を社会的により望ましい方向へと動機づけるようなルールやアーキテクチャが形成される、という統治のあり方です。

そこで先ほど、そのような道具的合理性のみに支えられた統治を、メタ合理性をベースにした市民的公共性によって制御していく、これがこれまでの近代的な社会のあり方と、テクノロジーが生み出す「新しい統治のあり方」をなんとか調和させる道なのではないか、と述べました。

ここで浮かび上がってくるのは、いわば「アルゴリズムによる人間の支配」を批判する根拠としての「市民社会」という、「市民社会」の新たな（第４の？）役割だといえるかもしれません。

そのような「市民社会によるアルゴリズムの制御」という問題意識が具体化されたものの一例が、長い時間をかけて個人主義的な価値観と市民的公共性を調和させてきた伝統を持つＥＵ（ヨーロッパ連合）における「ＧＤＰＲ（General Data Protection Regulation、一般データ保護規則）」制定の動き（２０１６年に制定、18年施行）だと言えるでしょう。

GDPRは、いくつかの側面から理解する必要があります。まず押さえておくべきなのは、その根本に「私的財産としての個人情報」という考え方がある点です。これは、近代的な財産権の概念を、オンラインまたはオフラインを通じて収集されるさまざまな個人情報に対しても適用しよう、というものです。

この立場から理論的な考察を行っているフランスの経済学者、ジャン・ティロールの議論を紹介しておきましょう。ティロールは、データの処理や加工から付加価値が生まれる機会がどんどん増えている現代社会では、「データは誰のものか」という点に関する議論が特に重要になるとして、以下のように指摘します。

インターネット企業は、分野を問わず顧客に関する多くのデータを活用している。たとえば、お客の好みに合う商品を推奨する、興味を持ちそうな関連商品を提案する、などだ。（中略）競合する企業がデータを持ち合わせていないために同様の提案をできないとすれば、データを所有している企業は支配的な地位を確立し、利幅を引き上げて消費者に不利益をもたらすことが可能になる。となれば、こんな疑問が思い浮かぶ。顧客情報を握っている企業は、それによって他を圧するほどの大きな利益を得るに値するのだろうか。（中略）常識的に考えれば、データ収集が独自のイノベーションや巨額の投資の結果であれば、その企業はデータを保有し活用して利益を得る資格があると言えるだろう。しかし逆に、ほとんどコストをかけずに容易に収集できるデータは、企業が独占すべきではあるまい。むしろその情報は、提供した本人の所有権にすると考えられる。（『良き社会のための経済学』、449頁）

そしてティロールは、いわゆるプラットフォームビジネスによって一般的なものとなった事業者と利用者が相互を評価するシステムについて、利用者による個々の業者に対する評価がウーバーや旅行口コミサイトのトリップアドバイザーのようなプラットフォーム企業に所有されている現状について異議を唱えます。つまり、個々の業者が受けたよい評価は、その業者が個人的な努力によって獲得したものなのだから、その業者が別のプラットフォーム企業に登録する（例えばメルカリに出店していた業者が淘宝にも出店する）際に、「財産」として持ち運べるようなものであるべきだ、というわけです。

ティロールは、こういったプラットフォームの利用者が提供した情報そのものと、その情報の処理や加工は明確に区別されるべきであり、前者については提供した本人にポータビリティ（持ち運ぶこと）を含めた所有権が認められるべきだと主張します。

現実に、アメリカなどでは医療機関などで患者による医療情報の所有権が認められており、患者が自分で医療機関を選択し、情報を共有できる仕組みが整えられています。こういった主張や社会の動きは、いずれも近代的な排他的財産権の概念を、インターネットを通じて行き来する「個人情報」にまで拡張しようとするものだと言えるでしょう。

人権保護の観点から検討すべき問題

一方、GDPRのような個人のデータ保護に関する規制を、財産権にとどまらないより幅広い概念から、データ社会における新しい人権のあり方を規定したものと捉える動きも、法学者を中心に広がっています。

例えば、憲法学者の山本龍彦は、AIによる認証技術やデータ蓄積が進んだことによる個人の「セグメント（共通の属性を持った集団）化」が、日本国憲法によって保障されている「個人の尊厳」の原理と真っ向から対立する可能性がある、と警鐘を鳴らします。AIの性能が高まり、一定のアルゴリズムを用いて個人の行動の「予測可能性」が高まっていったときに、以下のような人権保護の観点から検討すべき問題が生じる懸念があるからです。

第一は、ＡＩの持つデータあるいは判断の「認知バイアス」に関するものです。例えば、２０１５年にグーグルの画像認識サービス（グーグル・フォト）が、白人サンプルに偏ったデータにもとづく認識システムを構築したために、アフリカ系アメリカ人の画像を「ゴリラ」とラベルづけしてしまった、という有名な事例があります。その後も、既存のＡＩプログラムが、マイノリティへの差別を再生産、ないし助長しかねない認知バイアスを持っていることについては、多くの事例が報告されています。このため、サンフランシスコ市のように、公共機関による顔認証技術の使用を禁止する条例案を議会で可決するような例も出てきています（「サンフランシスコ市、顔認証技術の使用を禁止へ」『ＢＢＣ ＮＥＷＳ ＪＡＰＡＮ』２０１９年5月15日）。

第二は、ＡＩによるデータの蓄積および判断が、「セグメント」単位で行われる（第3章で紹介した、筆者が画像認識システムの企業を訪問したときの写真を思い出して下さい）という点に関わります。このことは、ＡＩの行う個人の行動の「予測」が、セグメントに回収されない個人の特性や潜在能力を十分考慮しないまま行われてしまう、という点で「個人の尊厳」を脅かす可能性があります。

第三は、ＡＩが意思決定を行う際のアルゴリズムがブラックボックス化して、「利用者が自分でもよくわからない理由」により、スコアづけをされたり、行動が制限されたりする、という問題です。これは、これまでもディストピア小説で繰り返し描かれてきたような問題ですが、それだけ私たちは「わけのわからない理由」によって自分たちの行動が制限され、決められてしまうことに本能的な警戒感を持っている、と言えそうです。

こうしたことを踏まえ、山本はＧＤＰＲのような個人データ保護の動きを、ＡＩネットワーク社会と個人の尊重原理との関係を考える上で重要な示唆を含んだ、21世紀の「人権宣言」だとして評価します。彼によれば、ＧＤＰＲに関して、個人の尊重原理の観点から特に重要なのは以下の３つの条文になります。

１つは、データ主体がプロファイリングに対して異議を唱える権利(21条)。これは、権利が行使された場合、データ管理者は主体の利益などを乗り越える「やむにやまれぬ正当な根拠」を示す必要がある、というものです。ＡＩが持つバイアスによって不当なプロファイリングを受けた個人が、そのことに対して異議申し立てを行う権利だと言えるでしょう。

２つ目は、プロファイリングなどの自動処理のみにもとづき、データ主体に関する重要な決定を下されない権利(22条)。これは、個人の特性を軽視しがちなＡＩによる統計的・

確率的なセグメント化にもとづく判断からの自由を保障し、個人ひとりひとりの評価に、時間とコストをかけることを要請する権利です。

3つ目は、公正さと透明性の要請(13条第2項)。自動決定の存在および決定のロジックに関する意味のある情報、その処理の重大性およびデータ主体に想定される帰結を、主体に対して告知しなければならない、というのが内容です。これは市民がアルゴリズムの示す「道具的合理性」に盲目的に従うことを拒否し、「メタ合理性」からの「有意味な決定」にのみ従う、つまり「わけのわからない理由」によって自分の行動が制限され、決められてしまう事態を回避するために定められたものとして理解できます。

これらの動きは、本書で述べてきたような、市民による監視の徹底化、すなわち「監視するものを監視する」ことを通じて、アルゴリズムをいかに制御するか、という問題意識と同じところから生じたものだと言えます。

儒教的道徳と「社会信用システム」

ここで見逃してはならないのは、そのような市民によるアルゴリズムの監視・制御を訴える主張が、「社会にとってどのような目的を優先させるか」を熟議によって決めていく、

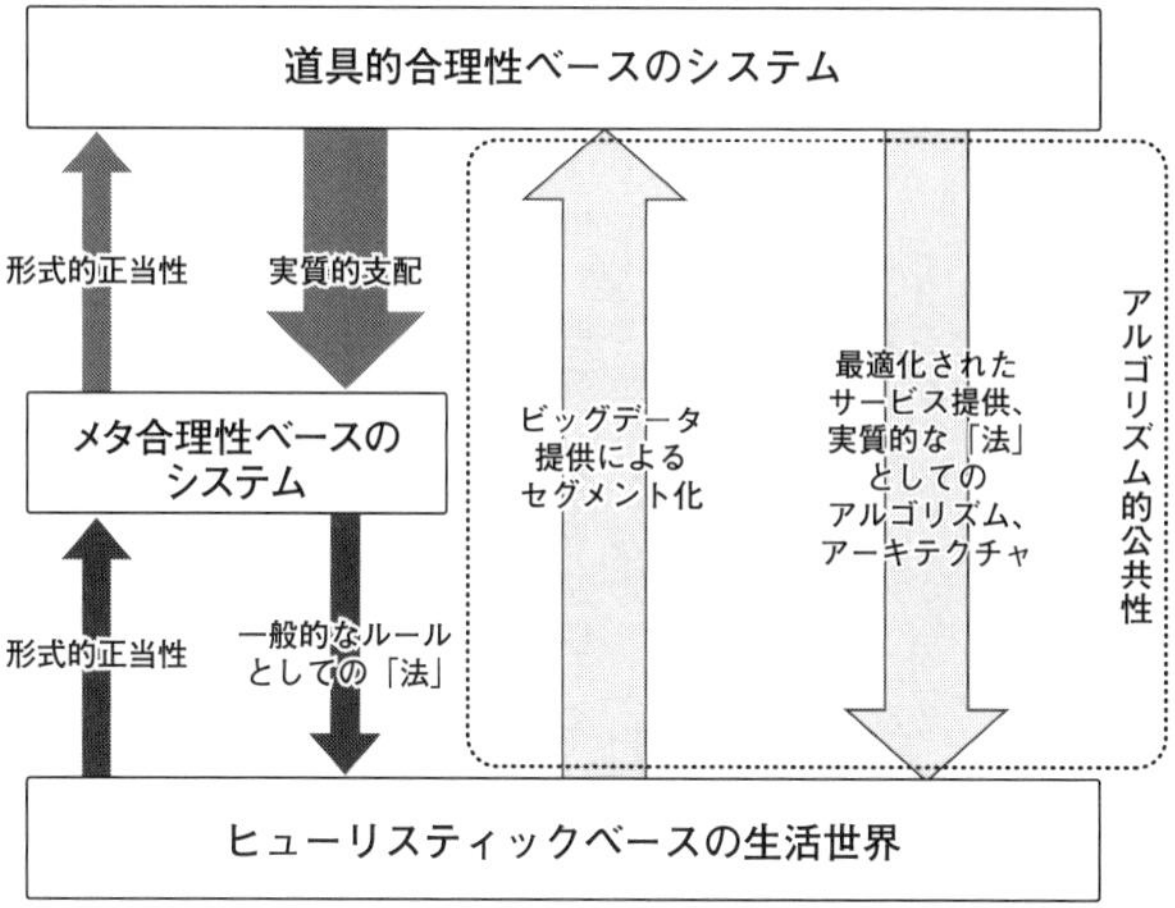

図6–3　アルゴリズムによる統治の肥大化（筆者作成）

市民的公共性の存在が前提となっている点です。というのも、そういう市民的公共性によるアルゴリズムの監視・制御という理想が現実にどの程度機能していくのかとなると、決して楽観はできない、というのが正直なところだからです。

特に、もともと市民的公共性の基盤が弱い社会では、図6－3のようにメタ合理性ベースのシステムが形式的には残っているけれども、実際はほとんど機能せず、ほぼアルゴリズム／アーキテクチャ的な統治システムによって人々の行動が律せられてしまう、という未来図が描けるかもしれません。

世界的なベストセラーになったユヴァ

ル・ノア・ハラリの『ホモ・デウス』が描く、現在の「人間至上主義」の世界が終わったあとに続くとされる「データ至上主義」の世界像(どんな現象やものの価値もデータ処理にどれだけ寄与するかで決まるような世界)も、図6－3のようなアルゴリズムによる統治が肥大化した社会のイメージに近いものだと言えそうです。

ただし、ここで1つの疑問が出てきます。中国のように市民的公共性の基盤が脆弱な社会では、アルゴリズムによる人間行動の支配をどのように制御すればよいのでしょうか。言い換えれば、近代的な議会・政府や裁判所、あるいはNGOなど以外に、アルゴリズムによる人間行動の支配を制御してくれるメカニズムは存在しないのでしょうか。第5章で少し述べたような中国における儒教的な公共性の概念、すなわち、国家も市民社会も必ず「天理に適う」ことによりその正当性が担保される、というときの「天理」なるものは、アルゴリズムによる統治が肥大化する社会の中でどう位置づけられるのでしょうか。

結論を先に言うと、こうした儒教的な「天理」による公共性の追求は、アルゴリズムによる人間行動の支配への対抗軸になるというよりは、むしろそれと結びついて一体化する、あるいはそれに倫理的なお墨つきを与える可能性が高い、というのが筆者の理解です。だからこそ、中国は世界に先駆けてこのような未来社会のイメージに近い社会を実現してしまう可能性があるのではないでしょうか。

例えば、第3章で述べた社会信用システムについて、中国政府はその導入を通じて「政府の政策決定への国民参加のチャンネルを広げること」や、「権力の行使に対する社会的監督と制約の強化」を目指しているとともに、むしろ伝統的な儒教の道徳的美徳を受け入れることを求めている、と言います。社会信用システムは中国の伝統的な「徳」による統治と整合的なものだ、というわけです。

このことをどう考えればよいでしょうか。まず、中国社会における法に対する道徳の優位性について見ておきましょう。第5章では、寺田浩明の著作を援用しながら、伝統的な中国社会の法秩序を、西洋的な「ルールとしての法」に対比される「公論としての法」という概念で理解できる、ということを述べました。

繰り返しになりますが、「公論としての法」では、個々の案件において個別の事情や社会情勢を考慮した「公平な裁き」を実現していくことが重視されます。そして、そういった「公平な裁き」を実現できるのは教養を積んで人格的にも優れている、つまり一部の「徳」のある人だけだ、と考えられていました。

ここに、個人の人格と分かち結びついた「徳」によって社会の秩序を保ち、公共性を実現する、という伝統的中国社会の倫理観のエッセンスを見ることができるでしょう。

「徳」による社会秩序の形成

現在でも、伝統中国における「公論としての法」の名残は社会のさまざまな局面で垣間見られます。第5章で述べた通り、しばしば指導者の意向を反映した政治キャンペーンが法律よりも効力を発揮したり、「公正さ」を求める民衆の直接行動が法廷への提訴ではなく、上級官庁・中央官庁への陳情（「信訪」「上訪」）という形をとったりすることはその一例です。

前者の代表的な例である「反腐敗キャンペーン」は、「トラからハエまで」を掲げ、中国共産党中央規律検査委員会のトップと周永康や徐才厚《じょさいこう》といった「大物（トラ）」から、地方の「役人（ハエ）」に至るまで、全国で約134万人の党員が処分の対象になったと言われており、汚職のぬるま湯につかっていた官僚や党幹部たちを震え上がらせてきました。

このキャンペーンの最大の特徴は、それがあくまでも共産党内の綱紀粛正として、基本的に司法手続きを踏むことなく行われた、という点でしょう。例えば中国政治に詳しい日本国際問題研究所研究員の角崎信也《かどざきしんや》は、習近平が政権の座に就いた2013年以降、収賄などの罪で立件された人数はそれほど大きく増加していないのに対し、党紀律違反で摘発された人の数は14年に対前年で27・5%、15年に44・8%、16年は24%と顕著な増加率を示していると指摘しています。

「法の支配」が十分に貫徹されていない中国社会において、「反腐敗キャンペーン」のような指導者の「ツルの一声」によって発動される上からの締めつけが、社会の規範化を通じて経済活動に伴うコストを軽減させ、例えば効率の高い民営企業にチャンスを与えるなどの一定の功利主義的な成果を挙げている、という実証的な研究もいくつか発表されています。

上級官庁・中央官庁への陳情という現象も、本書のテーマにとって興味深い事例だと言えます。現在中国では、民事・行政を含む様々な案件の解決を求めて、数十万といった規模の「陳情」が生じているといいます。このように「陳情」が多発する背景には、特に地方レベルにおける民衆の司法システムへの拭《ぬぐ》いがたい不信感があります。

例えば地方の役人の腐敗で地元民が苦しめられている場合、裁判所に訴えても裁判官が役人と結託しているのであれば、まともな裁判は期待できません。そのため、より「公」に近い上級の政府、究極には北京まで陳情を繰り返す庶民があとを絶たないわけです。

このような「陳情」による個人の権利救済への期待は、立憲主義に立つ中国の法学者の間では否定的に受け止められているようです。それは、三権分立にもとづく司法権の独立を揺るがしかねないものだからです。

可視化される「人民の意思」

しかし、仮に「陳情」行為として表れている庶民の不満や地方役人への告発が、インターネットを通じたより簡便な方法で表明され、中央の権力者にも可視化されるようになったとしたらどうでしょうか。

このような想定は、現在の中国における厳しいインターネット規制の下では非現実的に思われるかもしれません。また、そのような告発が多少自由に行えるようになったとしても、共産党の指導部が「可視化された人民の意志」を、「本来の人民の意志」とは無縁のものとして一方的に無視する、あるいは「五毛党《ごもうとう》」と呼ばれるネット工作員を使ってコントロールしようとし続ける可能性もあるでしょう。

しかし、指導部がより賢明であれば——すなわち、教養を積んで人格的にも優れている、というだけでなく、人々の幸福の最大化を目指す、功利主義的な意味での「賢い」指導者であれば——むしろ「可視化された人民の意志」を根拠に、地方の腐敗を正したり、反対者を抑えたりすることによって、より望ましい改革を実施しようとするのではないでしょうか。例えば、第4章で取り上げたネット世論監視システムは言論統制だけでなく、一般市民の不満に先回りして対処する役割も担っています。

このような「賢明な少数の統治者」が直接民衆（市民）の声を吸い取り、その意思を反映した（と称する）政治を行う反面、その地位を脅かすような言論や社会運動は厳しく弾圧されるという状況は、ちょうど図6−3に示したような、市民の「欲望」を吸い上げたアルゴリズムによる統治が肥大化し、それを「法」によって縛るはずの市民的公共性がやせ細っていくという構図と基本的に似通っていると言えるでしょう。先ほど、儒教的な道徳システムはアルゴリズム的な公共性を制限するものとはならず、むしろそれを強化する方向に働くと述べたのは、この意味においてです。

GDPRとの関連で言えば、中国でも2017年6月から「サイバーセキュリティ法（網絡安全法）」が施行されています。サイバーセキュリティ法は、IT企業に対して個人情報の保護を定める点ではGDPRと同じ性格を持ちますが、データの海外持ち出しや海外企業による使用を厳しく規制する反面、国家の安全および犯罪捜査の活動のために技術的サポートおよび協力を義務づけるなど、「企業のデータ収集活動に対する国家介入の正当化」という性格が強いと言えます。

また、一般消費者のプライバシー意識の高まりが、個人情報保護の名を借りた政府による民間企業の活動制限につながるのではないか、という指摘もあります。そのため2018年5月から「個人情報安全規範」も施行され、企業による個人データの規則には一層の制限がかけられることになりました。

ただし、そこに見られるのはあくまでも民間企業による個人情報の取得やそれを用いたアルゴリズムの提供を国家が規制する、という姿勢であり、GDPRのように政府が提供するアルゴリズムやアーキテクチャを含む統治システムを市民が監視する、という発想が非常に希薄であることは、強調しておく必要があるでしょう。

この情報技術の進展を背景とした個人情報の保護をめぐる法規制における、欧州と中国との鮮やかな対比に、市民的公共性と儒教的な「天理」を通じた公共性、あるいは「ルールとしての法」と「公論としての法」という、前近代に起源を持つ社会の成り立ちの違いを見ることができるように思います。

テクノロジーの進歩と近代的価値観の揺らぎ

さらに注意しておかなければならないのは、近年における中国における目覚しいテクノロジーの進歩という現実を前に、近代以降自明とされてきた「ルールとしての法」と「公論としての法」の対比における、前者の優位が西側諸国においても揺らぎ始めているように思える点です。

例えば、中国ではイノベーションが「社会実装」される、つまりテクノロジーを社会の中で現実に機能させていくスピードが非常に早いことが、しばしば指摘されます。それは、法制度によって市民が自ら新しいテクノロジーの暴走に歯止めをかける、そのような仕組みがそもそもあまり機能していないことの裏返しでもあります。とにかく実際にテクノロジーを社会の中で機能させたあとで、不具合があれば取り締まる仕組みをつくることが一般的になっているという背景があるわけです。

芝麻信用を提供するアリババ傘下のフィンテック企業、アントフィナンシャルに関する解説書でも、次のような指摘がなされています。「アントフィナンシャルの多くの業務は『先にやって、後で認可を得る』スタイルである。例えば、アリペイは2003年にリリースされたが、中央銀行が交付する正式な決済業務の許可証（ライセンス）は、2011年になるまで取得していなかった。中国の監督当局がフィンテック企業のイノベーションを一撃で壊滅させなかったのは、それらの革新的な業務が実体経済に与える価値を認めたからにほかならない」「中国の監督当局がイノベーションを容認してきた手法は、世界で採用されているレギュラトリー・サンドボックス方式に通ずるものがある。つまり、リスクを注視しつつ、イノベーションを容認するというやり方だ」（廉薇・辺慧・蘇向輝・曹鵬程『アントフィナンシャル——1匹のアリがつくる新金融エコシステム』、xvi）。

現在、先進国の間で、ドローンや自動走行などの革新的技術・サービスを事業化する目的で、一時的に従来の法規制を外して実験を行う、いわゆる「レギュラトリー・サンドボックス方式」が注目を浴びています。日本でも、イノベーションを生み出す環境を整備する政策として、従来の国家戦略特区法や構造改革特区法を改正する形で、2018年度から導入が始まっています。

このサンドボックス方式について、中国企業のイノベーションに詳しい伊藤亜聖は、「中国全体が、ある意味で巨大な『規制のサンドボックス』となり、ベンチャーのゆりかごになりつつある」と指摘しています（「加速する中国のイノベーションと日本の対応」『nippon.com』2018年4月16日）。

これはむしろ、中国のような「法の支配」が弱い社会における、革新的なテクノロジーへの独自の対応を、日本を含む先進国が模倣しているという側面があるようにさえ思えます。

中国化する世界？

ここで改めて強調しておきたいのは、以上で見てきたようなアルゴリズムによる統治の肥大化という問題は、決して中国のような権威主義国家に固有のものではない、ということです。また、「市民的公共性」によるアルゴリズムの制御という問題意識は、いわゆる「西側諸国」の間においても決して揺るぎのない前提として共有されているわけでもなさそうです。

この章では、吉川浩満らの著作を援用しながら、「トロッコ問題」やその社会的実装問題と言える自動運転の際のアルゴリズムをどうするか、という問題について、脳内で「義務論的な直観と功利主義的な批判が戦う状況」があることを指摘しました。例えば、「人権は私たちが豊かになるための手段に過ぎない」といった主張を、日本国内で政治家などが表立って主張したとしたら、多くの反発が予想されるでしょう。

しかし、中国のような権威主義国家における人権問題の改善を訴える際に、私たちは往々にして「人権状況の改善は国家による私有財産の収奪や、自由な言論を通じたイノベーティブな環境の整備を通じて、持続的な経済発展にとって不可避である」といった論法を用いてきたのではないでしょうか。これは、「人権は私たちが豊かになるための手段である」「だから大事なのだ」という功利主義な理解を、どこかで私たちも採用している、ということを示していないでしょうか。

例えば、近代的リベラリズム、あるいは人権思想の前提となる「すべての人格は平等である」という命題の自明性については、これまでもフーコーなどポストモダンの思想家による批判を受けてきました。近年になって、そういった近代的リベラリズムを支えてきた価値観——人格の平等性——の揺らぎは、認知科学による道徳意識の解明や、テクノロジーの実装による道徳的ジレンマの解決、といったさらなる逆風を受け、人格の優劣を直接「正しさ」の基準として採用する、「徳倫理」の復活という形でより顕在化しつつある、と言えるかもしれません。

また、社会学者の稲葉《いなば》振一郎《しんいちろう》は、著書『宇宙倫理学入門——人工知能はスペース・コロニーの夢を見るか？』の中で、20世紀末以降、近代的リベラリズムにおける「あるべき理想的・本来的人間のイメージの共有」という暗黙の前提が自明ではなくなり、揺らいでいく中で、むしろその内実を公共的あるいは政策的に決定していく、という課題が浮上してきた、と指摘しています。

そこでは、何をもって「人格」となすか、といった「人格」の具体的な内実まで踏み込んだ意思決定が問われることになります。稲葉によれば、生命倫理学に代表される応用倫理学の中で、「正しさ」の基準として「人格の優劣」を議論する、コミュニタリズムに代表される徳倫理学が復権してきたのも、そのような「人格」をめぐる近代社会の認識の揺らぎと深いつながりを持っているのです。

このように考えたとき、現代の中国において、テクノロジーの急速な発展とそれを使いこなす高い「人格」を兼ね備えた主体としての共産党の権威の強化、さらにはその権威を付与する儒教的価値観の強調という現象が起こっているのは、ある意味では当然のことのように思えます。すなわち、そういった現象は、決して中国で孤立して起こっているのではなく、テクノロジーと人間社会の在り方をめぐる世界的な動きとシンクロしつつ生じていると考えられるからです。

本書でこれまで述べてきたように、中国において進む「監視社会」化を語る際に、中国を自分たちとは完全に異質な他者として扱い、その影響力を切断してしまえば、「われわれ」の社会のおぞましいディストピア化は防ぐことができる――現在のトランプ政権の姿勢にはそれが濃厚ですが――という考え方は有効ではなく、むしろ危険だと私が考えるのも、いままで述べてきたような現状認識があるからです。

それよりもむしろ、かの国で生じていることは、決して他人事ではなく、より大きな「近代的統治の揺らぎ」として、人類に共有されつつある今日的課題として捉えるべきなのではないでしょうか。

第7章 道具的合理性が暴走するとき

新疆ウイグル自治区と再教育キャンプ

これまでテクノロジーがもたらす中国の「監視社会化」について、さまざまな側面から見てきました。そこで浮かび上がってきたキーワードは「功利主義」と「パターナリズム」だと言っていいでしょう。

アリババなどの民間企業が提供する信用スコアにせよ、政府が裁判所の決定を守らずブラックリストに載った人々に対して課すペナルティにせよ、「より安全で、便利で、お金が稼げる社会に住みたい」という人々の欲望を実現するために、民間企業あるいは政府がパターナリスティックに提供したものにほかならないからです。

だからこそ、本書では、現在、中国で起きていることをオーウェルが『一九八四年』で描いたようなイメージで語るのはミスリーディングだと繰り返し述べてきました。しかし、どう考えてもそれに近いイメージで語ることを避けられない、すなわち監視するものとされるものが非対称な関係のまま固定される、という事態も現実の中国社会では生じています。

その代表的なものが、少数民族に対する共産党の統治のあり方です。中でも深刻な状況にあるのが、新疆ウイグル自治区の状況でしょう。特に近年になって新疆ウイグル自治区の各地に建設された、大規模な「再教育キャンプ」と呼ばれる収容施設が、世界的な関心を集めていることはご存知の方も多いのではないでしょうか。

これは、イスラム教徒が多数生活する新疆ウイグル自治区の各地で、再教育キャンプと呼ばれる非常に大きな収容施設がいくつも建設され、その中に「イスラムの過激思想に染まって反社会的行動を起こす可能性がある」とみなされた人々が、職業訓練や法律などの「再教育」を受けるために長期間収容されているというものです。

後述するように、この施設の性格は限りなく強制収容所に近いと考えられますが、ここでは中立的な用語として比較的使われることの多い「再教育キャンプ」という用語を用いておきます。また、この問題では報道機関やジャーナリストが自由な取材をすることが困難であり、それゆえに人権団体やその協力者などが当局の目をかいくぐって行ったインタビューや、海外亡命者による証言などによってその深刻な事態が次第に明らかになったこと、また当然のことながらそれらの証言者によって構成された事実が政府や政府系のメディアによって描かれるものとは大きな距離があることを、あらかじめ断っておきたいと思います。

問題の背景

２０１９年4月、中国政府は人権団体などからの批判を打ち消す狙いから、内外メディアに新疆の再教育キャンプでの取材を許可しました。しかし、それらはいずれも、政府・党関係者による監視下で行われる、という厳しい制限のついたものでした。

カシュガル市での取材が許された朝日新聞は、２０１９年5月19日に1面と2面を使ってこの問題を報じています。取材した冨名腰《ふなこし》隆《たかし》記者は、インタビューした入所者全員が施設に「自分から望んで来た」と答えたことに対し、いずれも言葉遣いや話し方が似通っており、模範的な回答を暗記させられているのでは、という疑念が湧いたと記しています（「監視下の取材で見た涙　ウイグル族の女性『私は中国人』」『朝日新聞』２０１９年5月19日付）。

この問題の直接の背景になっているのは、２００９年に広東省で、漢族とウイグル人との間の民族的な対立に起因する乱闘事件が起き、それが新疆ウイグル自治区の省都であるウルムチ市に飛び火して大規模な民族間の衝突（騒乱）が生じたことです。

暴力的な衝突とその鎮圧の過程で、当局による過剰な暴力や法律の裏づけがない拘束などがあった可能性が人権団体から指摘され、事件に関して独立、公正、十全で効果的な調査を認める要望も出されました。しかし、特に海外メディアに対しては厳しい情報統制が行われたこともあり、いまだに事態の全容の解明にはほど遠い状況です。

その後、新疆ウイグル自治区では民族間の対立が激化、特に2013年から2014年にかけては新疆の内外で刃物や火器で武装したグループによる暴力的な衝突事件が次々と起こりました（表7－1）。この状況に危機感を抱いた当局は、これらの一連の事件を海外のイスラム過激派組織とつながった国家分裂主義者による「テロ活動」と断定し、国を挙げて「対テロ闘争」を推し進める姿勢を鮮明にしています。

新疆での反テロ政策に関する政府の白書によると、2014年以降、民族扇動や国家分裂などの疑いで摘発したグループは1588、拘束者は1万3000人。違法な宗教活動を行ったとして4858件、3万人以上が調査・処分されたといいます。街中に監視カメラを設置するなど、「監視社会化」が急速に進むのもこの頃です（前掲の『朝日新聞』記事より）。

2015年になると「反テロ法」が成立し、その法律にもとづいた新疆における治安維持活動が本格化します。上述の収容施設は、こういった新疆ウイグル自治区における「反テロ闘争」が本格化しつつあった2016年初頭から建設が始まり、現自治区党書記の陳《ちん》全国《ぜんこく》が就任した同年夏からから自治区全体に広がったと言われています。

ちなみに、彼の前任地であったチベットでも、やはり政府による少数民族の活動への締

年・月	場所	出来事
2009年 7月	ウルムチ市	市民が加わった大規模な騒乱が発生。当局によると、197人が死亡、1700人以上が負傷。
2013年 6月	トルファン地区ルクチュン	警察署などが襲われ49人が死傷。
2013年10月	北京市	四輪駆動車が天安門前に突入し炎上。容疑者3人のほか2人が死亡、40人以上が負傷。
2014年 3月	雲南《うんなん》省昆明《こんめい》市	昆明駅で刃物を持った8人の男女が通行人を無差別に襲撃。31人が死亡、141人が負傷。
2014年 4月	ウルムチ市	習近平氏が市内視察中にウルムチ南駅で爆発。実行犯2人を含む82人が死傷。
2014年 7月	カシュガル地区ヤルカンド県	武装グループが地元政府庁舎などを襲撃。37人死亡、13人負傷。容疑者59人射殺。
2016年 4月		党中央が全国宗教工作会議を開催。「宗教の中国化」政策を鮮明に。
2017年 4月		新疆ウイグル自治区で「脱過激化条例」が施行される。「異常な」ひげやブルカの着用を禁止。
2018年10月		脱過激化条例が改正され、再教育施設を合法化。

表7–1　新疆ウイグル自治区の民族問題をめぐる動き

出所：「監視下の取材で見た涙　ウイグル族の女性『私は中国人』」『朝日新聞』5月19日、金順姫『ルポ 隠された中国——習近平「一強体制」の足元』などを参考に作成。

めつけが強化されたようです。インド・ダラムサラにあるチベット亡命政府のロブサン・センゲ首相は、「無数の監視カメラ、私服警官による巡視、多くの派出所と検問、トラブルが起きたときに地域全体のネットを遮断する情報封鎖などの手法はまずチベットで実行され、新疆に持ち込まれた」と述べています(ロブサン・センゲ「ウイグル監視社会の起源はチベットに」『ニューズウィーク日本版』2018年3月6日)。

2017年になると、収容施設の存在が海外に住む亡命ウイグル人や人権団体の間に伝わっていき、ジャーナリズムを通じてその深刻さが報道されるようになっていきます。そして2018年夏に開かれた国連人種差別撤廃委員会では、米マクドゥーガル委員がウイグル人やカザフ人をはじめとしたイスラム教徒100万人以上が収容施設に送られた疑いがあると懸念を表明し、世界的にも関心が高まりました。

当初施設の存在を否定していた中国政府も、その後は「再教育のために必要な施設」という主張に転じ、同年10月10日には施設建設の法的根拠となる「新疆ウイグル自治区脱過激化条例」の改正版を公布しています。しかし、施設に収容されていた当事者の証言が少しずつ表に出始めたことで、その実態が中国政府の主張するものとはかけ離れていることが明らかになりました。

また、ジャーナリストによる自由な取材が許されない中で、バックパッカーや観光客として現地を訪れた人たちが、中国の他の都市に輪をかけた「監視」の徹底ぶりや、ならびにそれがあからさまにムスリム系の少数民族をターゲットにしたものであることなどを旅行記の形で伝えています。

海外からの相次ぐ批判に政府当局は、上述のように最近になってメディアの取材を受け入れ、施設はあくまでも教育目的のものであり、批判されているような「強制収容所」ではないことをアピールしようとしています。

さて、一方で、そういった視察を受け入れる際には有刺鉄線や被収容者の部屋にある監視カメラ、ドアや窓に取り付けてあった鉄板などを撤去するなどの「やらせ」が行われていることも指摘されています(水谷尚子「共産党の網をかいくぐりウイグル支持の輪は広がる」『ニューズウィーク日本版』２０１９年2月22日)。

脅かされる民族のアイデンティティ

さて、この問題はいくつかの異なる側面から語られなければなりません。１つは、民族の独自の文化や歴史、宗教的なアイデンティティの抑圧、という側面です。そのことを象徴するのが、社会的に大きな影響力を持つ人々の施設への収容でしょう。

２０１８年11月、アムネスティ・インターナショナル日本などの主催で、カザフ国籍を持ち、カザフスタンで旅行会社を経営していたウイグル人、オムル・ベカリ氏の講演が東京と大阪で開催されました。筆者も大阪の講演会に参加し、オムル氏の語る収容施設における凄惨な体験、特に民族としてのアイデンティティを否定され、中国共産党と習近平国家主席への忠誠の言葉を毎日繰り返させられる、という証言に言葉を失いました。

いわゆる再教育キャンプにはオムル氏のような成功したビジネスマンのほか、著名な大学教授やジャーナリスト、作家、音楽家など社会の一線で活躍する人々が多数収容されています。例えばオムル氏とともに来日して講演を行ったヌーリ・ティップ氏の兄、タシポラット・ティップ氏は日本での留学経験があり、新疆大学の学長を務めていた人物です。

このような著名な人々が多数拘束されているということが、新疆で起きている「異常さ」を象徴しています。そもそも、国立大学の教授や成功したビジネスマンに後述するような縫製工場などにおける「職業訓練」が必要だとは到底思えませんし、体制内部でそれなりの地位を得ていた以上、彼らの多くは「過激思想」の持ち主などではありえないからです。そこには民族の独自の文化やアイデンティティを体現し、影響力のある人々をそれだけの理由で敵視する、という当局の姿勢が見てとれます。

低賃金での単純労働

第二に、この問題は経済問題としての側面も持っています。全体で100万人規模とも言われる施設への被収容者は、上述のような社会的に発言力を持った著名人だけではありません。では、当局は何のために大量の「普通の人々」を収容しているのか。

2018年末ごろ、ニューヨーク・タイムズやフィナンシャル・タイムズなど英語圏の有力メディアが、新疆南部のカシュガル市や、ホータン地区ケリヤ県の収容施設と見られる建物の近くに、工場が次々建設されており、施設に収容されたウイグル人やカザフ人などのテュルク系住民がそれらの工場でアパレルの縫製や、お茶の袋詰め、電子機器のアセンブリー（最終的な組み立て作業）などに、労働力として動員されていることを報じました（"China's Detention Camps for Muslims Turn to Forced Labor," *New York Times*, Dec. 16, 2018, "Forced labour being used in China's 're-education' camps," *Financial Times*, Dec. 16, 2018など）。

報道によると、それらの人々は一旦収容施設で「再教育」を受けたあと、政府が定めた最低賃金すれすれの賃金で、上述のような単純労働に従事させられています。労働者には工場を去ることも、家族と連絡を取ることも許されておらず、実質的な強制労働となっているのではないかという疑いが持たれています。また、単純労働に従事させられている被収容者の中にはかなりの高学歴を持つ人たちも含まれているということです。

こうした情報を集約すると、収容施設はかつて中国に存在した「労働教養所」に極めて近いものだと言えるでしょう。「労働教養所」とは、各地方政府の労働教養管理委員会が、「社会秩序を乱した」といった理由で裁判を行わないまま政治犯などを勾留し、強制労働に従事させるもので、その劣悪な状況がメディアの報道などによって知られ、世界的に批判を浴びてきました。このため中国政府は、２０１３年に労働教養所を憲法違反として正式に廃止しています。にもかかわらず、それに類似した施設が現在の新疆で復活しているというわけです。

だとすれば、ここにはどのような背景があるのでしょうか。もともとカシュガルや、ホータンといった新疆南部の地域は少数民族比率が高く、工業化にも立ち遅れており、新疆全体の中でも貧困問題が深刻な地域として知られていました。そのことと、これらの地域で２０１３～14年に多発した民族間の暴力的な対立は、決して無縁ではないでしょう。

中国の政府系メディアの報道などによると、そういった新疆南部において雇用の創設と貧困解消をもたらし、社会を安定化させるための「目玉」として政府の全面的な支援を受けてきたのが、アパレル産業をはじめとした労働集約的な産業でした（「新疆：重点支持南疆紡織服装産業発展」『中国商務新聞網』２０１７年８月４日、「新疆紡織服装産業協力帯動南疆富余労働力就業増収」『新疆日報』２０１８年４月23日など）。

なによりも、現地政府のトップ自身が、このような「職業訓練」が、社会の秩序安定のために要請されていると明確に述べています（「新疆ウイグル自治区主席就新疆反恐維穏状況及開展職業技能教育培訓練工作答記者問」『中国新疆』２０１８年10月16日）。

また再教育キャンプの持つ、低賃金での就労施設の建設という側面は、先ほど見た社会的に影響力を持つ人々の収容とセットで考えなければならないでしょう。つまり、新疆で起きている事態の不条理さを、民族の言葉と、マジョリティの言語である漢語の双方で理性的に語れる人々、あるいは民族の伝統文化を受け継ぎ、そのアイデンティティやプライドを象徴する人々の言葉や活動を奪い、ただ無力な単純労働力としてのみ生かしていこうという当局の意図が、そこにはうかがえるからです。

パターナリズムと監視体制

新疆の再教育キャンプの持つ第三の顔は、監視テクノロジーを駆使した統治のいわば「実験場」としての側面です。この点については、テクノロジーを通じた「監視」が、政府による人々の生活へのパターナリスティックな介入と強く結びついていることを指摘しておきたいと思います。

例えば、新疆では2014年から「民族の融和」と貧困削減を名目に、地方政府の役人がテュルク系住民の家庭に滞在し、「親戚のようなつき合い」をするというプログラム「訪恵聚《ファンフイジィ》」が広く実施されたことが報告されています(「"訪恵聚"、中国基層治理的新疆探索」『鳳凰網』2016年8月29日)。

ウイグル人家庭を訪問する役人は、その一家の主の言動について子どもに対して聞くことが政府のマニュアルによって推奨されていると言います。「子どもは真実を語る」ため、彼らの発言がその両親に「再教育」の必要があるかどうかを判断する有力な材料になるからです(「中国の公務員はなぜウイグル族の家庭を喜んで占拠するのか」CNN日本語サイト、2018年12月1日)。

これは具体的な「人」を介した、いわば古典的な手法による介入の例ですが、2016

年頃からは、住民のスマートフォンにスパイウェアアプリのインストールを義務づけるなどといったICTを用いた個人情報の収集（"*China Forces Muslim Minority to Install Spyware on Their Phones*", *BLEEPING COMPUTER*, July 24, 2017）、さらにはDNAや虹彩《こうさい》のデータ、および話し声や歩き方などのいわゆる生体情報（バイオメトリックス）の収集が行われるようになります。

このうち、後者の生体情報の収集については、「民生の向上」というパターナリスティックな介入と結びつけられ行われている点が特徴です。例えばDNAサンプルなどは、多くの人が無料で受けた健康診断プログラム「Physicals for All（全民健康体検）」の際に収集されたのではないか、と考えられています（「中国：少数民族からDNAサンプルを数百万人規模で採取」ヒューマン・ライツ・ウォッチ、２０１７年12月13日）。

中国政府および共産党による公式発表によれば、２０１７年12月の段階で、新疆の全体で74・１％、カシュガル市では99・47％がこの検査を受けたとのことです（「新疆：２０１７年全民健康体検工作全部完成」中華人民共和国中央人民政府ウェブサイト、２０１７年11月２日、「新疆喀什市推進全民免費健康体験」『中国共産党新聞網』２０１７年12月12日）。

前者のスマートフォン・アプリを通じた個人情報の収集については、人権ＮＧＯのヒューマン・ライツ・ウォッチが、スパイウェアアプリの１つをインストールしたスマートフォンを入手し、アプリのソースコードを「リバースエンジニアリング」（ソフトウェアの構造や動作を解析することで、仕様などを明らかにすること）することで、それがどのような機能を持っているか、詳細に分析したレポートを公表しています（*China's Algorithms of Repression: Reverse Engineering a Xinjiang Police Mass Surveillance App*, Human Rights Watch, May 1, 2019）。

同レポートによれば、当局は住民の家族構成、保有する個人の車の情報、銀行口座、外国への渡航歴、交友関係、信仰などといった大量の個人情報をアプリによって収集し、そのデータを個人の身分証（居住証）の情報とリンクさせ、治安維持の目的に用いている、といいます。

このレポートが興味深いのは、そういった個人情報を入手した当局が、新疆に住むテュルク系住民のどのような行動を問題とみなし、「フラグを立てる」（目印をつけ、警戒の対象とする）のか、ということを克明に記している点です。政府当局が最も警戒する行動の1つは、モスクへの寄付を行う、許可なしにコーランを唱えるなどといったイスラム教の信仰に関わる宗教活動であり、もう1つは外国（人）との接触・交流です。

例えば、住民が外国籍の人とSNSのやり取りなどを行うと、それはすべて当局に把握され、役人による調査の対象になることを同レポートは指摘します。また、「あまりにも長く」海外に行った経験を持つ人々、海外から帰国して間もない人々なども特に厳しい監視の対象になるといいます。

さらに同レポートによれば、住民の行動は常に監視されており、アプリがインストールされていない電話機を使用したとき、「通常」よりも多くの電力を使用したとき、登録されている自宅や職場から一定以上離れた場所に移動したときなど、「通常の状態」から少しでも逸脱した、イレギュラーなふるまいが検出された場合、当局による監視システムは「フラグを立て」、そのようなふるまいを見せた人々を調査の対象とみなすというのです。

道具的合理性の暴走

このような監視システムの大きな問題点は、当局によって禁止されているのは何なのかが明確にされていないため、住民たちは恐怖心を覚え最終的にはその行動が支配されてしまう、という結果を生み出している点でしょう。これは、当局による監視や個人情報の収集が恣意的に行われていることの必然的な帰結だと言えます。

中国が1998年に署名した（ただし、批准はしていません）市民的および政治的権利に関する国際規約（自由権規約、B規約）は、あらゆる市民が個人や家族のプライバシー、さらに通信に関して政府からの恣意的、または違法な干渉を受けないことを規定しています。

また、刑事訴訟法などの中国の法律においても、個人の生体情報の収集は、犯罪の容疑者でなければ行われないことが定められています(Human Rights Watch, 2018 : 98)。にもかかわらず上述のような生体情報を含む個人情報の収集が行われているということは、そこに十分な法的裏づけがないことを示しています。

これに対して中国政府は、上述のような衛生検査などによって、住民の同意なしにDNAの採取が行われることはないと反論しています。しかしヒューマン・ライツ・ウォッチは、検査を受けたすべての個人からDNAサンプルが採取されており、その際にインフォームドコンセントも、それが求められている理由の説明も義務づけられていない、と報告しています。

このような生体情報の収集は、例えば特定の民族をターゲットにした犯罪防止プログラムの実施に用いられていると考えられます。例えば、ニューヨーク・タイムズ紙は、2016~17年頃にかけて採取されたとされるウイグル人の血液・DNAの解析に、米サーモ・フィッシャー社の機器ならびに米国の著名な遺伝学者が提供したDNAサンプルが用いられたことを報じました。

中国の政府機関による研究グループは遺伝子情報を用いて民族・人種間の区別を行う研究を行っており、さらにその研究成果を用いて「犯罪現場で容疑者のＤＮＡからその民族・および居住地域を推論することを可能にするシステム」の開発で特許出願を行っていたと同紙は伝えています。サーモ・フィッシャー社は批判を受け、新疆での機器の販売を停止したとも報じられました（"China Uses DNA to Track its People, With the Help of American Expertise," *New York Times*, Feb. 21, 2019）。

このような生体情報の収集を通じた個人のプロファイリングにより、新疆ではある一定の属性を持つ人々を特定の傾向を持つ集団として抽出する、いわゆるセグメント化が日常的に行われてきたと考えられます。

そうして抽出された特定の人々に「犯罪率が高い」などのレッテルを貼り、常に監視の対象とする、果てはその自由を奪う、さらにはそういった一連の行為を社会の安定化のためには仕方がないのだというデータに基づいた「予測原理」によって正当化を行う。その行き着く先が、１００万人とも言われる人々が収容される再教育キャンプであることは、もはや疑いようのないところでしょう。

現時点において、これらの個人情報を用いたセグメント化による市民の予防的拘束を、中国のほかの地域で実行しようとすれば、激しい抵抗に遭うことは容易に想像できます。しかし、それが技術的にはすでに可能なことは、再教育キャンプの存在が証明しています。この意味で、新疆はまさに監視テクノロジーを駆使した統治の実験場と化していると言わざるを得ません。

いま、新疆ウイグル自治区で起きていることを考える上で見過ごしてはならないのは、そこでは「治安体制の強化」という目的が、それ自体疑うことのできない前提として与えられており、すべてはその目的を実現するために行われている、ということです。

確かに、テクノロジーを駆使した管理・監視の徹底化によって、表面上は新疆において暴力的な衝突事件は影を潜めたかもしれません。しかし、そういった治安体制の強化を、罪を犯したわけでもない極めて多くの人々の自由を奪い、苦痛を与えてまで実現することが果たして本当に「正しい」のか、ほかに方法はなかったのか、といったことは、そこでは決して問われません。

そういった「道具的合理性」そのものの正しさを問う「メタ合理性」の立場から、治安強化という行為の是非を問うのは、本来はジャーナリストや学者、作家など知識人の役割のはずです。しかし、すでに見たようにウイグル人の有力な知識人層はことごとく拘束され、発言の機会を奪われています。かといってマジョリティである漢人の知識人も、いつ災いが自分の身に降りかかるかわからない状況下で、この問題について発言することは事実上不可能に近いと言ってよいでしょう。

このような状況こそが、新疆において「道具的合理性の暴走」とも言うべき事態をもたらしているのではないでしょうか。2019年7月には、日本を含む22か国がウイグル人の大量拘束を停止するよう求める国連人権委員会宛ての共同書簡に署名しました。治安体制の強化の実現を肥大化させた結果、民族間の対立をより深刻化させている再教育キャンプは、一日も早く解体させるべきでしょう。

テクノロジーによる独裁は続くのか

現代の監視社会論において、一種の「ハイパー・パノプティコン」すなわち、「万人が万人によって監視される社会を肯定し、監視するものを厳しく監視する権利を市民の権利として認めていこう」という潮流が存在することについては、第3章で詳しく述べました。

この潮流は、(管理・監視)テクノロジーは政治体制に対して中立的なものだ、ということが前提になっており、それが独裁的に用いられないためには「市民がその使用法を監視すべきだ」という考え方に立っています。これは、すべてのテクノロジーは諸刃の剣であり、「使い方」によって人々の幸福度を向上させることもできれば、同時に当局による市民の抑圧の道具にもなる、だからその「使い方」をみんなでコントロールすればいい、という極めて常識的で穏健な考え方です。

しかし、テクノロジーの普及や発展は、そういった市民によるテクノロジーのチェックやコントロールが基本的に機能しない、権威主義的な国家でも同じように生じます。そういった社会・国家では、テクノロジーは、独裁的な権力を強化させる役割しか果たさないのでしょうか。つまり、管理・監視技術は民主化の敵なのでしょうか。

このような問題意識からテクノロジーと中国特有の権力のあり方を正面から描いたディストピア小説に『セレモニー』があります。そのあとがきで、作者の王力雄は以下のように述べています。

　コンピュータとインターネットの時代は、人間を数字の存在へと変えた。独裁者は、デジタル技術を使って、少数で多数を支配することができるようになった。ビッグデータはありとあらゆる痕跡を捉える。アルゴリズムはありとあらゆる疑わしいものを見つけだす。独裁権力の人数は少なくとも、コンピュータの能力は人間の数万倍だ。独裁権力は、匹敵する者のない強大なテクノロジーを握っている。過去の独裁者のなしえなかったことを、今日の独裁者はなしえる。しかし、過去の抵抗者がなしえたことを、こんにちの抵抗者はなしえない。テクノロジーが独裁の手段を提供するだけではない。独裁にその物質的基礎をも提供する——現代の科学技術はもはや飢餓が起こらないことを保証する。（同書、426頁）

もっとも『セレモニー』の小説世界では、水も漏らさぬ監視体制で強固な独裁メカニズムを築いていたはずの政権は、あっけなく崩壊させられます。しかも、それは三国志や水滸伝に登場するような「英雄」や「梟雄《きょうゆう》」（ダークヒーロー）などによってではなく、保身に努める官僚や、野心を持った商人、辺境の一警察官、政治オンチのエンジニアといった「小物」によってそうさせられるのです。

これは何を意味するのでしょうか。王は、テクノロジーによる独裁には「重要なアキレス腱」とも言うべきものがあるからだとして、次のように述べています。

独裁権力は、日進月歩するテクノロジーに依拠しなければならないとすれば、独裁者はそれら最新のテクノロジーを、自分では理解も管理も運用もできない。みずから操作する時間もないし、そのためにかけるエネルギーもない。専門家に命令して彼らに依拠するほかはないのである。だが、それらのテクノロジーと独裁メカニズムの結節点に存在する人間たちは、独裁メカニズムに対して、少をもって多を制する能力を有する。その一方、独裁体制が古来培ってきた内部の人間に対するコントロール手段は、彼らには通用しない。なぜならば、独裁者は新しいテクノロジーに対して無知だからである。（中略）

テクノロジーは独裁権力を、難攻不落の要塞へと変えた。しかしその崩壊も突如としてやってくるのだ。テクノロジーによる独裁の直面する不確定性は、伝統的な独裁の比ではない。（同書、428〜429頁）

『セレモニー』で描かれているのは、「万人の万人による監視」というハイパー・パノプティコン的な状況が、共産党の指導者、エリート官僚、システムを設計するエンジニアなど、社会のエリート層相互の間だけで働くような世界です。

つまり、エリート（中国で言えば士大夫）は庶民とは隔絶した特権を得られる代わりに、徹底した相互監視の状況に置かれる、いわば「士大夫たちのハイパー・パノプティコン」とでも呼ぶべきものが、『セレモニー』に描かれた監視社会のイメージなのです。この「エリート」と「庶民」の二分法的な世界観が中国社会の伝統的な統治観に照らしてしっくりくるものだということは、第5章で紹介した岡本隆司の著作などがつとに指摘するところです。

この作品が絶望的な状況を描きながらどこか痛快な読後感を残すのは、自らの特権的な生活と引き換えに喜んで「自由」を差し出す「小者」感満載のエリート（士大夫）が、その小者としての行動原理を貫徹させることによって、難攻不落の要塞のような支配体制を内部から崩壊させてしまう様子が緻密な構成で描かれているからです。

士大夫たちのハイパー・パノプティコン

ここでもう一度、王の発言を引いてみましょう。

独裁とテクノロジーが結合するのであれば、民主主義もまたテクノロジーとの結合を目指すべきであると。独裁が日進月歩に更新されるのであれば、従来のままの民主主義が太刀打ちできるわけはない。テクノロジーによる民主主義のみが、テクノロジーによる独裁に、最終的に勝利できるだろう。（同書、431頁）

王が述べている「テクノロジーによる民主主義」とは、要するに、すべての市民に権力者の監視を求める、現代の監視社会論が説くところのハイパー・パノプティコン的な社会にほかなりません。ただし、中国のような権威主義国家に限らずとも、このような「万人の万人による監視」の実現については、それほど楽観できる状況ではないように思えます。

現代におけるテクノロジーは、たんに進歩が著しいだけではなく、第3章で述べた芝麻信用のスコアを算出する際に用いられるアルゴリズムに代表されるように、学習能力は極めて高いが推論の根拠を説明できない、いわゆるブラックボックスＡＩが主流であり、「よく理解できないが、とりあえず従っておけば利便性が高まる」という性格を持つものがほとんどだからです。

現在、ＡＩによる判断の仕組みを人間にも理解できるようにする研究も進められていますが、監視の理屈が解き明かされることは、すなわちＡＩの判断をごまかすような「ハック」(抜け穴をつく行為)が広まるリスクとも隣り合わせです。このことは中国であれ、米国であれ、日本であれ、一般の市民が自分たちの行動に影響を与えるさまざまなテクノロジーについて、基本的な知識を得ることを著しく困難にしています。

そのことを踏まえるなら、今後私たちが生きる世界においては、むしろ『セレモニー』で描かれたようなテクノロジーを理解する「士」と、「庶(民)」が隔絶した「士大夫たちのハイパー・パノプティコン」と言うべき状況のほうが、はるかにリアリティを持つのではないでしょうか。というのも、現代中国のテクノロジーの発展をめぐる状況は、政治権力の集中化と、現代的なテクノロジーの進歩に不可欠な、データの分散処理が矛盾しないことを示しているからです。

第1章でも、ブロックチェーンなど分散型ネットワークを用いた情報処理技術の開発およびその社会実装において中国が世界の先端を走っている可能性があることを少し述べました。例えば、中国において主要な税収の1つである付加価値税の徴収、および仕入額の控除に不可欠なインボイス(中国語では「発票《ファーピャオ》」)の発行にあたって、その偽造や二重発行を防ぐために、ブロックチェーンの技術がすでに広く使用されているといいます(田中信彦「電子化の道をひた走る『強い政府』:経済の根幹を握る『発票《ファーピャオ》』のしくみ」『BUSINESS LEADERS

SQUARE wisdom』２０１９年6月24日)。

また、中国を代表するＩＣＴ企業であるアリババは、データの分散処理を通じた電子取引・決済のコスト削減において数々のイノベーションを実現してきています。２０１８年6月からはその技術を応用したブロックチェーンによる無料の海外送金のサービスを始めており、銀行口座を持たない海外からの出稼ぎ労働者への普及が見込まれています(「家政婦が見た国際送金革命　ドル覇権に風穴も」『日本経済新聞』２０１９年4月23日)。

そもそもブロックチェーンのようなデータの分散処理の仕組みは、それまで大手金融機関や政府などに集中していた情報処理の権力や権限を分散化させ、システムがより「民主的」になることをもたらすものだ、と考えられてきました(例えばドン・タプスコット、アレックス・タプスコット『ブロックチェーン・レボリューション』など)。しかし、上記のような中国の事例は、こういったデータ処理の分散化やシステムの民主化が、それ自体では必ずしも政治権力の分散化や民主化をもたらすものではないことを示しています。

こういった中国の現実が、政治権力とデータ処理システムの双方が集中化した『一九八四年』におけるビッグブラザー的な社会とも、逆に政治権力とデータ処理システムの双方が分散化・民主化されたハイパー・パノプティコン社会とも異なる、政治権力の集中化とデータ処理の分散化が共存する『セレモニー』の世界観に独特のリアリティを与えているように思います。

しかし、そういった「士大夫たちのハイパー・パノプティコン」の世界は、『一九八四年』的なディストピアとは異なり、人々の欲望や幸福の実現を犠牲にしない反面、王力雄が指摘するような、本質的な不安定性を内包するものではありません。そのため、それがどの程度の持続可能性、あるいは中国以外の地域に普及する可能性を持っているかは、今後の中国社会の変化だけでなく、そこに実装されるテクノロジーの動向によっても大きく左右されることでしょう。

日本でも起きうる可能性

そろそろ本書のまとめに入りたいと思います。本書では、一貫してテクノロジーおよびその「社会実装」によって、いかに中国社会がより便利に、より快適になることを功利主義的に追求してきたか、という点に注目してきました。その上で、そのことが持つ意味について、その市民社会的基盤や公共性、あるいは社会統治のあり方といったものも含め、より広い視野に立って議論を行おうとしてきました。

例えば本書の第3章ならびに第5章では、中国社会において「公」と「私」の分裂が解消しがたく、「市民的公共性」の実現が困難だという伝統を抱えているということを指摘しました。そして、近年の中国ではこの伝統的な「公」と「私」のズレを、政府や民間企業がパターナリスティックに設計したアーキテクチャやアルゴリズムに人々が自発的に従うことによって解消させる方向に向かいつつあるのではないか、その結果、中国社会は次第にお行儀よく、予測可能になっているのではないか、という問題提起を行いました。

一方で、そういった社会が、政府や企業がビッグデータにもとづいて行う「このように振る舞えばより幸福になりますよ」という提案(ナッジ)やアーキテクチャについて、またそのことが人間の尊厳を奪ってしまうことへの監視・チェックの役割を担う「市民社会」の基盤を欠いたまま、道具としての統治の技術ばかりが急速に進化していくことの危うさについて、本書は指摘を行ってきました。

そして中国社会では、すでにそういった「道具的合理性」、それに支えられた「アルゴリズム的公共性」の暴走が現実に起きつつあるのではないか。その最大の象徴が新疆ウイグル自治区における再教育キャンプに象徴されるテュルク系住民に対する自由のはく奪の問題なのではないか。そういった問題意識にもとづき、現代中国で進行しつつある動きに対し、ささやかながら警鐘を鳴らしてきました。

ただ、そういった「道具的合理性の暴走」は中国のような社会主義の一党独裁国家だから起きることであり、そうではない私たちの社会とは無関係なのだ、と考えることはできないでしょう。それにはいくつかの理由があります。

第一に、より便利に快適に過ごしたいという人々の欲望を吸い上げる形で、人々が好みや属性に従ってセグメント化・階層化されること、さらには階層の固定化を社会の安定化のために仕方がないという現状追認的なイデオロギーで正当化することは、功利主義を主要な価値観として内在させているような社会、すなわち資本主義社会であれば、どこでも起きうることだと考えられるからです。例えば日本でも、Jスコア、ヤフースコア、LINEスコアのようなアルゴリズムを用いた信用スコアのサービスが盛んに導入されていることがそのことを端的に示しています。

第二に、テクノロジーの進展は、私たちの社会でも一般の市民がその仕組みを理解することを困難にしています。そして、最先端のテクノロジーの水準を踏まえた上で、巨大な民間企業や、政府がそれらのテクノロジーを用いて市民の行動をスマートに管理・監視しようとする動きを、市民の側が適切に監視することのハードルは、ますます上がってきています。特に日本社会は、これまでさんざん「市民的公共性の基盤が脆弱だ」と指摘されてきた経緯を持ちます。日本に住む私たちの多くにとっても、「監視によってストレスを感じるのは社会のエリート層か意識の高いリベラルな知識人だけ」という「士大夫たちのハイパー・パノプティコン」の世界が、決して人ごとではないのはそのためです。

そして第三に、監視技術を含むテクノロジーを社会の統治にどう役立て、どのように公共性を実現していけばよいのかという問題は、すぐに答えが出るような問題ではない、ということです。確かにテクノロジーを敵視して、その導入を拒むのは「ラッダイト運動」（産業革命期のイギリスで起こった機械の破壊運動）の頃から繰り返されてきたことであり、同じことは監視技術の導入についても言えるでしょう。だからと言って、テクノロジーが社会のあり方を後戻りできない形で変えてしまっていることもまた否定できない事実だからです。

意味を与えるのは人間であり社会

これらを踏まえた上で、私たちはどうすればよいのでしょうか。月並みかも知れませんが、やはり重要なのは、テクノロジーの導入による社会の変化の方向性が望ましいことなのかどうかを、絶えず問い続ける姿勢をいかに維持するかということに尽きると思います。

例えば、「アーキテクチャ」という概念を広めたレッシグは、フリーソフトウェアやインターネットそのものが持つアーキテクチャを、単に礼賛するのではなく、また無意味に警戒するのでもなく、それが人々のふるまいを規制すると同時に、新しく自由な価値を生み出す可能性を持つことも強調しました。

社会学者の鈴木《すずき》謙介《けんすけ》も述べているように、特定のアーキテクチャによって人々は「膨大な情報の蓄積を通じて振る舞いを制限されると同時に、その事実を、自発的な意思に基づく意味のある行動として根拠づける」ようになるという側面があります。当たり前ですが、特定のアーキテクチャやテクノロジーがそれだけでよい／悪いという結果をもたらすわけではなく、そこに意味を与えるのは人間であり、社会であるからです。

言い換えれば、現代の監視社会化について考えることは、つまるところ私たちの社会においてテクノロジーをどう使いこなすかを考えることにほかなりません。そして、私たちがその存在を肯定するかどうかにかかわらず、ＡＩなどの新しいテクノロジーはどんどん進歩していきます。

監視社会化をもたらす新しいテクノロジーの導入についての議論は、まだ始まったばかりです。どのような形で受容すべきなのか、どのような形で制限あるいは批判を行っていくべきなのかは、これからきちんと議論を深めていくべきでしょう。これまで見てきたように、特に中国ではテクノロジーやそれを社会実装したアーキテクチャが、実際に人々の行動パターンだけでなく、考え方までも大きく変えつつあります。そのことに少しずつでも関心を向けていくことは、今後の議論においても大きなヒントになるはずです。

また近年では、日本の社会に限ってみても、テクノロジーがもたらす利便性に対し肯定的な人々が、中国におけるテクノロジーの社会実装のすばやさや、そこから発生するビジネスの面白さに魅せられる、という現象があちこちで生じているように思います。そのことは、今後の日中関係が、政治や経済に加え、「技術」を軸に動いていく可能性を暗示させるものです。

そういったこれから新たな日中関係を担っていくであろう人たちにこそ、本書、なかんずくこの章で述べてきたような少々気が滅入るような問題に対しても、一定の関心を持ってもらえることを願っています。それは何よりも今後両国がよき隣人であるために必要な「心がまえ」になるだろう、と考えるからです。

おわりに

世の中には、一旦立場が分かれてしまうと、双方がその立場に固執して建設的な対話が成り立たない問題がいくつかあります。日本においては原発や憲法改正をめぐる問題がその典型ですが、「社会の監視の度合いを強めるかどうか」というのもそういったトピックの1つかもしれません。ただ、監視に関する問題が難しいのは、それが単に「利便性か、プライバシーか」「社会のセキュリティーか、個人の自由か」というある時点における意見の対立だけではなく、監視が導入された場合の将来におけるその受容、すなわち「慣れ」をめぐる評価の対立を含んでいる点でしょう。

すなわち、「監視社会化」をめぐる対立は、じつは「現時点における気持ち悪さ」を強調する立場と、「将来における気持ち悪さの消滅（＝慣れ）」の蓋然性《がいぜんせい》の高さを強調する立場との対立として理解できるのかも知れません。そして、少なくともこれまでの日本社会において、この両者の戦いでは、ほぼ常に後者が勝利してきた、と言ってよいかと思います。

これは私たちの住む社会が、本書でも取り上げた帰結主義・幸福主義・集計主義の三位一体、すなわち功利主義的な考え方に強く影響されていることの裏返しだと言ってもいいかも知れません。しかし、「どうせ人間は新しい環境に慣れるのだから、現時点で感じている『気持ちの悪さ』などは無視してもよいのだ」という議論は本当に正しいのでしょうか。

確かに「どうせ人間は新しい環境に慣れる」のだとしても、そのことと私たちが新しい環境に慣れるまでに一定の時間や、手続きといったものが必要だという事実とは、別に矛盾しないはずです。だからこそ、日本社会における監視（防犯）カメラの設置について「慣れ」てしまった多くの人々が、中国における様々な監視テクノロジーの導入や、信用スコアの普及を「気持ち悪い」「怖い」と感じてしまうのではないでしょうか。

その意味では、本書で取り上げた中国の監視社会化についての最大の問題は、その進行スピードがあまりに早く、人々が十分に納得し、慣れるまでの時間を与えられていないことにこそあるのではないか、と筆者は考えています。そしてこのことは、同じような現象に関する進み方の違いということを超えて、社会の質的な違いにも関係してくるのではないか。そういった問題意識が、本書の、特に後半部分のモチーフの1つになっています。

本書の「幸福な監視国家」というタイトルについては、いろいろなご意見があるかもしれません。それは、結局のところ「幸福」という言葉が人によっていろいろなイメージを喚起するからだと思います。本文を読んでいただけばおわかりかと思いますが、本書では「幸福」とは何かといった個々の内面の問題についてはほとんど語っていません。

本書で「幸福」という言葉を使うとき、それは一貫して功利主義的な、快楽がより多く、苦痛がより少ない状態、という意味で使っています。つまり、この本を通じて考察してきた「幸福な監視国家（社会）」の本質は、「最大多数の最大幸福」の実現のため、その手段として人々の監視を行う国家（社会）、ということになるかと思います。

言うまでもなく、この定義には現在、何らかの形で市民を監視する技術・制度を導入しているほぼ全ての国家や社会が当てはまります。だからこそ、現在の中国社会で起きていることは、基本的にどの社会においても起きうる、より普遍的な問題として捉えなければならない、というのが本書で繰り返し述べてきたメッセージです。

新書出版についてNHK出版の山北健司さんからオファーがあったのはいまから3年前の2015年のことでした。その当時は中国の「監視社会化」がこれほど話題になるとは筆者もまったく予想しておらず、漠然と、その当時出したばかりの『日本と中国、「脱近代」の誘惑』(太田出版)という本のテーマの1つでもあった中国社会の「公」と「私」をめぐる問題を、より具体的な市民社会論と結びつけて書いてみようか、ということを考えていました。

その後、日本でも中国の目覚しいイノベーションとその社会実装、そしてそれを支えるキャッシュレス化などが話題になり、その延長線上に芝麻信用などの信用スコアや、社会信用システムの導入が話題になるようになりました。中国経済の動向をウォッチしている者としてそういった社会の変化をなんとなく追っているうちに、中国独特の文脈で語られがちな市民社会に関する問題は、いわゆる監視社会化の問題と深く関係している、ということに気がつきました。

ただ、それほど頻繁に中国を訪れているわけでもない一大学教員としては、中国社会、特に様々なテクノロジーの「社会実装」がもたらす変化のあまりの激しさにはかなりのタイムラグを伴いながらついていくのがやっとで、とてもこのテーマで一冊の本を書ききる自信はありませんでした。そこで、テクノロジーがもたらす社会の変化に詳しい旧知のフリージャーナリスト・高口康太さんの協力を仰ぐ、という解決策を思いついたのが2017年暮れのことでした。というわけで本書は、第1章と第5~7章を梶谷が、第2~4章を高口さんが主に執筆しています。

ただ、分担執筆となったことで、なかなか2人の文章のスタイルや執筆のペースがそろわず、山北さんにはその調整に多大なご迷惑をおかけすることになってしまいました。ようやく出版までのスケジュールが見えてからの山北さんの獅子奮迅《ししふんじん》のご活躍に改めて感謝いたします。また、お忙しい中ゲラの段階で本書の原稿を読んで頂き、貴重なコメントを下さった伊藤亜聖さん、さらには帯の推薦文を快くお引き受け頂いた山形浩生さんにも、この場を借りてお礼申し上げます。

本書がとかく誤解を生みやすい「中国の監視社会」に関する読者の理解を助け、「そこから先の問題」を考えるきっかけの1つになってくれることを願っています。

2019年7月11日

著者を代表して　梶谷　懐

主な参考文献

第1章

・平和博（２０１９）『悪のＡＩ論――あなたはここまで支配されている』朝日新書
・井上智洋（２０１９）『純粋機械化経済――頭脳資本主義と日本の没落』日本経済新聞出版社
・助川剛（２０１８）「杭州市の〈ＥＴ城市大脳〉プロジェクト」『建築討論』Jul 30, 2018（https://medium.com/kenchikutouron/d383fc9efdb3）
・オーウェル、ジョージ（２００９）『一九八四年』高橋和久訳、早川書房
・陳冠中（２０１２）『しあわせ中国――盛世２０１３年』辻康吾監修、舘野雅子・望月暢子訳、新潮社
・ハクスリー、オルダス（２０１７）『すばらしい新世界』大森望訳、早川書房
・ハラリ、ユヴァル・ノア（２０１８）『ホモ・デウス――テクノロジーとサピエンスの未来（上、下）』柴田裕之訳、河出書房新社
・山本龍彦編著（２０１８）『ＡＩと憲法』日本経済新聞出版社
・Heilmann, Sebastian（2016）, “Leninism Upgraded: Xi Jinping’s Authoritarian Innovations,” *China Economic Quarterly*, Vol. 20, pp.15-22.

・EDELMAN（2019）, *2019 EDELMAN TRUST BAROMETER: Trust in Technology*,（https://www.edelman.com/sites/g/files/aatuss191/files/2019-04/2019_Edelman_Trust_Barometer_Technology_Report_0.pdf）
・IPSOS Public Affairs（2019）, *What Worries the World-March 2019*,（https://www.ipsos.com /sites/default/files/ct/news/documents/2019-04/what-worries-the-world-march-2019.pdf）

第2章

・伊藤亜聖（２０１８）「加速する中国のイノベーション（1）活発な研究開発がけん引」日本経済新聞、３月20日掲載
・伊藤亜聖、高口康太（２０１９）『中国14億人の社会実装――「軽いＩｏＴ」が創るデジタル社会』*ISS Contemporary Chinese Studies* No.19
・中村圭（２０１９）『なぜ中国企業は人材の流出をプラスに変えられるのか』勁草書房
・マルケイ、ダイアン（２０１７）『ギグ・エコノミー――人生１００年時代を幸せに暮らす最強の働き方』門脇弘典訳、日経ＢＰ
・『中国第三方移動支付市場季度観測報告２０１８年第４季度』iResearch、２０１９年３月
・『平成30年版 通商白書』
・特集「『多動』の時代――時短・ライフハック・ギグエコノミー」『現代思想』２０１８年11月号、青土社

第3章

・東浩紀（２００７）「情報自由論２００２-２００３」『情報環境論集　東浩紀コレクションＳ』講談社
・大屋雄裕（２０１４）『自由か、さもなくば幸福か？――二一世紀の〈あり得べき社会〉を問う』筑摩選書
・大屋雄裕（２０１８）「確率としての自由――いかにして〈選択〉を設計するか」『談』第１１１号
・セイラー、リチャード／サンスティーン、キャス（２００９）『実践　行動経済学』遠藤真美訳、日経ＢＰ
・田畑暁生（２０１７）「事件報道が『加担』する監視社会――権力見張る側面強化を」『Journalism』第３２９号
・ライアン、デイヴィッド（２０１９）『監視文化の誕生――社会に監視される時代から、ひとびとが進んで監視する時代へ』田畑暁生訳、青土社
・レッシグ、ローレンス（２００１）『ＣＯＤＥ――インターネットの合法・違法・プライバシー』山形浩生・柏木亮二訳、翔泳社
・中国投資銀行部中国調査室（２０１８）「『信聯』の誕生で個人情報が規範化へ」『三菱ＵＦＪ銀行（中国）経済週報』第３８８期
・喩敬明、林鈞躍、孫杰（２０００）『国家信用管理体系』社会科学文献出版社
・林鈞躍（２００３）『社会信用体系原理』方正出版社

・Gary King, Jennifer Pan, Margaret E. Roberts.（2014）"*Reverse-engineering censorship in China: Randomized experimentation and participant observation.*"*Science*, 345, 6199, Pp. 1-10. Publisher's VersionAbstractArticle Supplementary materials Article Summary
・Gary King, Jennifer Pan, Margaret E Roberts.（2013）"*How Censorship in China Allows Government Criticism but Silences Collective Expression.*"*American Political Science Review*, 107, 2（May）, Pp. 1-18.

第4章

・佐藤公彦（2007）『「氷点」事件と歴史教科書論争——日本人学者が読み解く中国の歴史論争』日本僑報社
・焦国標（2003）『中央宣伝部を討伐せよ』坂井臣之助訳、草思社
・高口康太（2015）『なぜ、習近平は激怒したのか——人気漫画家が亡命した理由』祥伝社新書
・安田峰俊（2011）『中国・電脳大国の嘘——「ネット世論」に騙されてはいけない』文藝春秋
・山谷剛史（2015）『中国のインターネット史——ワールドワイドウェブからの独立』星海社新書
・渡辺浩平（2008）『変わる中国　変わるメディア』講談社現代新書

第5章

・石井知章・緒形康編（2015）『中国リベラリズムの政治空間』勉誠出版
・植村邦彦（2011）『市民社会とは何か——基本概念の系譜』平凡社新書

・宇野重規（2010）『〈私〉時代のデモクラシー』岩波新書
・岡本隆司（2018）『世界史序説――アジア史から一望する』ちくま新書
・カルドー、メアリー（2007）『グローバル市民社会論――戦争へのひとつの回答』山本武彦・宮脇昇・木村真紀・大西崇介訳、法政大学出版局
・坂本治也編（2017）『市民社会論――理論と実証の最前線』法律文化社
・鈴木賢（2017）「権力に従順な中国的「市民社会」の法的構造」『現代中国と市民社会――普遍的《近代》の可能性』石井知章・緒形康・鈴木賢編、勉誠出版
・辻中豊・李景鵬・小嶋華津子（2014）『現代中国の市民社会・利益団体――比較の中の中国』木鐸社
・寺田浩明（2018）『中国法制史』東京大学出版会
・成瀬治（1984）『近代市民社会の成立――社会思想史的考察』（歴史学選書（8））東京大学出版会
・ハーバーマス、ユルゲン（1994）『公共性の構造転換　第2版』細谷貞雄・山田正行訳、未來社
・平田清明（1969）『市民社会と社会主義』岩波書店
・溝口雄三（1995）『中国の公と私』研文出版
・李妍焱（2012）『中国の市民社会――動き出す草の根NGO』岩波新書
・李妍焱（2018）『下から構築される中国――「中国的市民社会」のリアリティ』明石書店

第6章

・安藤馨（2010）「功利主義と自由——統治と監視の幸福な関係」『自由への問い4　コミュニケーション——自由な情報空間とは何か』北田暁大編、岩波書店
・石田英敬・東浩紀（2019）『新記号論——脳とメディアが出会うとき』ゲンロン
・石塚迅（2012）「政治的権利論からみた陳情」『陳情——中国社会の底辺から』毛里和子・松戸庸子編著、東方書店
・伊藤亜聖（2018）「加速する中国のイノベーションと日本の対応」『nippon.com』2018年4月16日（https://www.nippon.com/ja/currents/d00403/）
・稲葉振一郎（2016）『宇宙倫理学入門——人工知能はスペース・コロニーの夢を見るか？』ナカニシヤ出版
・カーネマン、ダニエル（2012）『ファースト&スロー——あなたの意思はどのように決まるか？（上、下）』村井章子訳、早川書房
・角崎信也（2017）「習近平政治の検証③：『反腐敗』」『China Report』Vol. 6（https://www2.jiia.or.jp/RESR/column_page.php?id=269）
・グリーン、ジョシュア（2015）『モラル・トライブズ——共存の道徳哲学へ（上、下）』竹田円訳、岩波書店
・スタノヴィッチ、キース・E（2017）『現代世界における意思決定と合理性』木島泰三訳、太田出版

・ティロール、ジャン（2018）『良き社会のための経済学』村井章子訳、日本経済新聞出版社
・堀内進之介（2019）「情報技術と規律権力の交差点――中国の「社会信用システム」を紐解く」『SYNODOS』2019年1月1日（https://synodos.jp/international/22353/2）
・毛里和子・松戸庸子編著（2012）『陳情――中国社会の底辺から』東方書店
・山本龍彦（2018）「AIと個人の尊重、プライバシー」『AIと憲法』山本龍彦編著、日本経済新聞出版社
・山谷剛史（2018）「中国の個人情報保護の動きと行き過ぎへの不安」『ZDNet JAPAN』2018年12月12日（https://japan.zdnet.com/article/35129999/?fbclid=IwAR1Ek-g7a4pUJH_p4_CdFtHm_Tbo9wjNuXQT-SImhuGtIPPJXgckfvNHwOM）
・吉川浩満（2018）『人間の解剖はサルの解剖のための鍵である』河出書房新社
・廉薇・辺慧・蘇向輝・曹鵬程（2019）『アントフィナンシャル――1匹のアリがつくる新金融エコシステム』永井麻生子訳、みすず書房
・Awad, Edmond, Sohan Dsouza, Richard Kim, Jonathan Schulz, Joseph Henrich, Azim Shariff, Jean-François Bonnefon & Iyad Rahwan (2018), "The Moral Machine Experiment," *Nature*, Vol.563, pp.59-64.
・Creemers, Rogier (2018), "China's Social Credit System: An Evolving Practice of Control," *SSRN Electronic Journal*.

第7章

・王力雄『セレモニー』金谷譲訳、藤原書店
・金順姫（２０１７）『ルポ　隠された中国――習近平「一強体制」の足元』平凡社新書
・鈴木謙介（２００９）「設計される意欲――自発性を引き出すアーキテクチャ」『思想地図Vol.3 アーキテクチャ』東浩紀・北田暁大編、日本放送出版協会
・ダン・プレスコット、アレックス・プレスコット（２０１６）『ブロックチェーン・レボリューション――ビットコインを支える技術はどのようにビジネスと経済、そして世界を変えるのか』高橋璃子訳、ダイヤモンド社
・長岡義博（２０１８）「ウイグル絶望収容所で『死刑宣告』された兄を想う」『ニューズウィーク日本版』２０１８年11月８日（https://www.newsweekjapan.jp/stories/world/2018/11/post-11257.php）
・ハクスリー、オルダス『すばらしい新世界』大森望訳、早川書房
・水谷尚子（２０１８）「ウイグル収容施設の惨状」『週刊金曜日』12月14日号
・安田峰俊（２０１９）「新疆ウイグル「絶望旅行」を終えて帰国した大学生の本音」『現代ビジネス』２０１９年１月12日（https://gendai.ismedia.jp/articles/-/59336）
・Human Rights Watch (2018) *"Eradicating Ideological Viruses": China's Campaign of Repression Against Xinjiang's Muslims*, September 2018.

梶谷 懐 かじたに・かい
1970年、大阪府生まれ。神戸大学大学院経済学研究科教授。
神戸大学経済学部卒業後、中国人民大学に留学(財政金融学院)、
2001年神戸大学大学院経済学研究科博士課程修了(経済学)。
神戸学院大学経済学部准教授などを経て、2014年より現職。
著書に『「壁と卵」の現代中国論』(人文書院)、
『現代中国の財政金融システム』(名古屋大学出版会、大平正芳記念賞)、
『日本と中国、「脱近代」の誘惑』(太田出版)、
『中国経済講義』(中公新書)など。

高口康太 たかぐち・こうた
1976年、千葉県生まれ。ジャーナリスト。
千葉大学人文社会科学研究科博士課程単位取得退学。
中国経済、中国企業、在日中国人社会を中心に『週刊東洋経済』
『Wedge』『ニューズウィーク日本版』『NewsPicks』などの
メディアに寄稿している。ニュースサイト「KINBRICKS NOW」を運営。
著書に『なぜ、習近平は激怒したのか』(祥伝社新書)、
『現代中国経営者列伝』(星海社新書)、
編著に『中国S級B級論』(さくら舎)など。

NHK出版新書 595

幸福な監視国家・中国

2019年8月10日 第1刷発行
2022年7月25日 第7刷発行

著者 梶谷 懐 高口康太

発行者 土井成紀

発行所 NHK出版
〒150-8081 東京都渋谷区宇田川町41-1
電話 (0570) 009-321 (問い合わせ) (0570) 000-321(注文)
https://www.nhk-book.co.jp (ホームページ)
振替 00110-1-49701

ブックデザイン albireo

印刷 新藤慶昌堂・近代美術

製本 藤田製本

Printed in Japan ISBN978-4-14-088595-6 C0236

NHK出版新書好評既刊

ふしぎな鉄道路線
「戦争」と「地形」で解きほぐす

竹内正浩

東京〜京都の鉄道は東海道経由じゃなかった？ 山陽本線の難所「瀬野八」誕生の理由は？ 九州の幻の巨大駅とは？ 史料と地図で徹底的に深掘り！

592

明るい不登校
創造性は「学校」外でひらく

奥地圭子

不登校に悩む親子の駆け込み寺・東京シューレの創始者が、変化する現状を的確に描き、不登校経験者の豊かな将来像を経験に基づき説得的に示す。

593

救急車が来なくなる日
医療崩壊と再生への道

笹井恵里子

119番ではもう助からない!? 都心の大病院から離島唯一の病院までを駆け巡ったジャーナリストが、救急医療のリアルと一筋の希望をレポートする。

594

幸福な監視国家・中国

梶谷 懐
高口康太

習近平政権のテクノロジーによる統治が始まった。なぜ大都市に次々と「お行儀のいい社会」が誕生しているのか!? その深層に徹底的に迫る一冊！

595

8050問題の深層
「限界家族」をどう救うか

川北 稔

若者や中高年のひきこもりを長年研究してきた社会学者が、知られざる8050問題の実相を明らかにし、従来の支援の枠を超えた提言を行う。

596